# 张一鸣

## 平常人也能做非常事

赵文锴 / 著

中华工商联合出版社

图书在版编目（CIP）数据

张一鸣：平常人也能做非常事 / 赵文锴著 . — 北京：中华工商联合出版社，2021.7
ISBN 978-7-5158-3059-9

Ⅰ.①张… Ⅱ.①赵… Ⅲ.①网络公司－企业管理－经验－中国 Ⅳ.①F279.244.4

中国版本图书馆CIP数据核字（2021）第142365号

---

### 张一鸣：平常人也能做非常事

| | |
|---|---|
| 作　　者 | 赵文锴 |
| 出 品 人 | 李　梁 |
| 责任编辑 | 傅德华　楼燕青 |
| 装帧设计 | 鸿蒙诚品 |
| 责任审读 | 李　征 |
| 责任印制 | 迈致红 |
| 出版发行 | 中华工商联合出版社有限责任公司 |
| 印　　刷 | 北京毅峰迅捷印刷有限公司 |
| 版　　次 | 2021年11月第1版 |
| 印　　次 | 2025年2月第13次印刷 |
| 开　　本 | 787mm×1092mm　1/16 |
| 字　　数 | 170千字 |
| 印　　张 | 13.5 |
| 书　　号 | ISBN 978-7-5158-3059-9 |
| 定　　价 | 59.00元 |

服务热线：010-58301130-0（前台）
销售热线：010-58301132（发行部）
　　　　　010-58302977（网络部）
　　　　　010-58302837（馆配部）
　　　　　010-58302813（团购部）
邮址邮编：北京市西城区西环广场A座
　　　　　19-20层，100044
Http：//www.chgslcbs.cn
投稿热线：010-58302907（总编室）
投稿邮编：1621239583@qq.com

工商联版图书
版权所有　侵权必究

凡本社图书出现印装质量问题，请与印务部联系。
联系电话：010-58302915

序言
PREFACE

## 张一鸣：不鸣则已，一鸣惊人

> 创业就像一段旅程，我们一起去看最美好的风景，不要在半途逗留徘徊，不走巧径误入歧途。我希望能跟公司里这群既务实又浪漫的人，一起去看最好的风景。
>
> ——北京字节跳动科技有限公司创始人　张一鸣

或许正如张一鸣的名字，"字节跳动"（ByteDance）的成功，大有一鸣惊人之态。从2012年成立公司到现在，字节跳动旗下APP的全球月活跃用户已经突破20亿，已然成为世界上数一数二的"独角兽"公司。

张一鸣出生于1983年，他的父亲原是龙岩市科委的一位机关干部，在国家鼓励公职人员"下海"的20世纪90年代，张父利用自己的技术所长，只身前往电子工业发达的广东省东莞市，创办了一家电子产品加工厂。而张一鸣的母亲是龙岩市一家医院的护士，整天忙于护理病人。与很多大院里的机关干部家庭不同，在张一鸣成长的过程中，其父母很少制定这样或

## 序言

那样的规定和制度，而是给了张一鸣一个相对宽松的生活环境，让幼年的张一鸣自由成长。

2005年，张一鸣以优异的成绩从南开大学毕业，作为一名软件工程专业的尖子生，刚从校园走出来就被七八份条件诱人的录用通知书"砸"到头晕，但他只是随意浏览一下便束之高阁。这并不是张一鸣生性高傲，而是他打心底里认为这些工作太容易"上手"，没有丝毫挑战性可言。碰巧当时有位师兄邀请他一起创业，于是张一鸣权衡利弊后就搭上了这趟创业的班车，在短短两三个月的时间便跟两位师兄一起开发出一款面向企业的协同办公系统，但由于没有摸清市场需求，张一鸣的首次创业很快宣告失败。

尽管初次创业的结果不尽如人意，但张一鸣表现出来的能力却得到圈内不少金牌HR的认可，纷纷代表自己的公司向他抛出了橄榄枝。最终，张一鸣在与同样年轻的陈华（酷讯联合创始人）促膝长谈后，决定加入酷讯，成为酷讯公司的第一位工程师。在随后的日子里，张一鸣凭借自己优秀的工作能力，很快又晋升至酷讯技术委员会主席，成为公司的骨干成员。然而，随着酷讯后期发展矛盾的渐露以及内部管理的混乱，张一鸣不得不从漩涡中抽身而出。

再之后，张一鸣入职过微软，也与王兴搭伙创过业，到后来创办九九房，这些经历使张一鸣在毕业几年的时间里迅速成长——张一鸣每次都在软件领域，尤其是数据分发和智能搜索领域精进，不只是技术日益成熟，而且管理能力、融资能力等也都在飞速成长。而在长期积累的过程中，他越发明白，有效地发现信息就是巨大的商机，他立志要用智能搜索在BAT主导的商业竞争中搏出一片天地。

2012年，张一鸣卸任九九房CEO后选择重新创业，在投资人兼朋友王琼的帮助下，独自创立了北京字节跳动科技有限公司，旗下的主要产品"今

# 序言

日头条"是一款基于信息搜索引擎技术的新闻咨询类应用,它会根据用户的兴趣为其推荐相匹配的内容。2012年8月,今日头条APP一经推出便所向披靡,"秒杀"其他新闻资讯应用,短短两年时间里就获得了亿万互联网用户的肯定。

今日头条的成功充分验证了张一鸣内心的商道,也使字节跳动后续研发产品时在智能算法及信息分发的道路上越走越远,后来推出的多款产品,如西瓜视频、抖音、多闪都获得了无数好评,尤其是抖音"海外版"TikTok一经推出便直接在日本、英国、印度、巴西、美国等地的APP下载排行榜上斩获头名。

当然,作为目前市场估值超过1000亿美元公司的掌门人,张一鸣同样面临着竞争和挑战。无论是国内的百度、腾讯,还是国外的Facebook(脸书)、Google(谷歌),这些科技巨头公司都被业界看作是字节跳动强有力的竞争者。对此,张一鸣异常冷静,他表示字节跳动应对的最好办法就是不断创新,追求极致快速地往前跑。"你不用考虑回头看一下,左边是不是来了谁,右边是不是来了谁。你也不用去想着绊人家一脚,没用。你赶紧向前跑,专注向前跑,这好像不是巧妙的方法,但很多时候最直接的方法就是最有效的。"

张一鸣平时是否玩MOBA(Multiplayer Online Battle Arena,多人在线竞技游戏)类游戏尚不可知,但他对MOBA类游戏的理解却是王者级别的。的确,与其在和巨头的对抗中被动接招,时时刻刻提防对面的"开团",不如抓住时间窗口来迅速发育、壮大自己。如今,张一鸣治下的字节跳动保持在竞争压力下成长的状态,既没有看到不能克服的困难,也没有看到让自己高枕无忧的手段。但在很多业内人士看来,跃跃欲试的巨头们挤压不掉字节跳动,字节跳动也无法完全甩开巨头,在常态化竞争中有节奏地提

## 序言

升自己、查漏补缺，是一种健康的、可持续的状态。凭借不站队姿态，张一鸣与字节跳动已成为创业阶层固化的中国互联网的一股清流，未来可期。

事实上，张一鸣在创业中始终坚持两个原则："第一，不看现在有多热，要看清未来能走多远；第二，不看公司规模，看合作的团队。"技术上，张一鸣持续精进；战略上，他的格局也越来越大。不过，"吃尽了创业的苦"，在创业道路上饱经风霜的张一鸣在面对媒体时却还是显得有些腼腆，如非必要，他本人极少在公开场合接受采访或发表个人演讲。高调不是张一鸣的风格，但对于处在舞台中央，被无数镁光灯照射下的字节跳动而言，想要低调却非常困难。

从 2019 年下半年开始，字节跳动的海外业务就一直受到美国政府的骚扰和打压，"威胁国家安全"这顶曾经扣在华为头上的"帽子"被美国转手就扣到了 TikTok 的头上。事实上，无论是华为还是字节跳动，他们本身并没有做错什么，正所谓"匹夫无罪，怀璧其罪"，两家公司的增长势头和发展潜力遭人妒忌，这或许是美国对 TikTok "痛下杀手"的主要原因。

尽管字节跳动目前在海外市场承压，但其在中国的业务却蓬勃发展，尤其是抖音和今日头条这两款产品。值得一提的是，2020 年下半年字节跳动在国内释放了加大投资的信号。与此同时，字节跳动在全球范围的招聘工作也在有条不紊地进行着。

本书展现了张一鸣的成长经历、创业生涯和缔造字节跳动的全过程，时间跨度较长，从南开大学求学，到初次创业失败，再到 2020 年字节跳动估值突破千亿美元，无不涉及。同时，还着重讲述了张一鸣的创业经历、他所坚持的商业理念，追溯张一鸣"一鸣惊人"的原因，为读者们还原一个真实、个性、丰富的张一鸣。

目录
CONTENTS

PART 1

创建字节跳动：他为移动互联网而生

第 1 章　四次创业，磨砺锋芒　／ 003

一切都要从报考南开说起　／ 004

首次创业：开发 IAM 协同办公系统　／ 008

第二次创业："酷讯"搜索引擎　／ 010

与微软相处的短暂时光　／ 012

第三次创业："饭否"的技术合伙人　／ 014

第四次创业：独自创办"九九房"　／ 016

目录

第 2 章 字节跳动的诞生 / **019**

　　从知春路的小民居里再出发 / 020

　　转折年：一个全新的开始 / 023

　　有趣的名字——字节跳动（ByteDance） / 026

　　最初的尝试——内涵段子 / 029

第 3 章 超级产品"今日头条" / **033**

　　在餐巾纸上写下商业计划书获得融资 / 034

　　错过"头条"的投资界大佬 / 037

　　核心技术：个性化推荐算法 / 040

　　内容输送基地——头条号 / 042

　　不断细分，批量生产 APP / 044

第 4 章 "今日头条"的崛起之路 / **047**

　　微头条和悟空问答 / 048

　　今日头条与腾讯的竞争 / 050

　　今日头条与百度的竞争 / 053

　　遭到质疑，进行大规模"整顿" / 055

　　字节跳动的多轮融资与估值 / 058

　　距离上市还有多远 / 061

# 目录

## PART 2
## 进军短视频：抖音凭什么抖起来

### 第1章 抖音的"童年" / 067

张一鸣为什么选择短视频领域 / 068

瞄准碎片化时代的间隙：15秒短视频 / 070

抖音的"兄弟"一：火山小视频 / 073

抖音的"兄弟"二：西瓜视频 / 076

### 第2章 抖音是如何火起来的 / 081

充分利用明星效应 / 082

赞助《中国有嘻哈》 / 084

重奖短视频作者 / 086

快速推进商业化 / 088

与快手的短兵相接 / 091

### 第3章 抖音的核心竞争力 / 095

独特的推荐算法 / 096

"去中心化"模式 / 098

巨大的流量 / 101

海量的数据 / 103

# 目录

## PART 3
## 拓展：字节跳动的多元化和国际化

### 第1章 多元化：赢在超低获客成本与精准化布局 / 109

- 在线教育——gogokid / 110
- 游戏——今日游戏 / 112
- 个人消费贷——放心借 / 115
- 电商——值点 / 118
- 生活社区——新草 / 120
- 即时社交——Lark（飞书）/ 122
- 社交版的"抖音"——多闪 / 126
- 直播带货——抖音直播 / 128

### 第2章 国际化："火星视角"下的全球梦想 / 133

- 张一鸣亲自挂帅推动国际化 / 134
- 要求公司高层学习英语 / 136
- 今日头条海外版TopBuzz / 138
- 抖音海外版TikTok / 140
- 面对禁用，TikTok的命运会如何 / 143

## PART 4

## 运营之光：张一鸣的商业策略与智慧

第1章　**独特新颖的商业理念**　/ 149

　　把公司当作一款产品来运营　/ 150
　　和优秀的人做有挑战的事　/ 153
　　推崇"直入主题的提问、回答"　/ 155
　　做 CEO 要避免理性的自负　/ 158

第2章　**识人用人：优秀的 CEO 首先是优秀的 HR**　/ 161

　　今日头条的第一 HR　/ 162
　　张一鸣的三个招聘大招　/ 166
　　喜欢招聘朴素的"小鲜肉"　/ 169
　　把自驱力高的人放到关键处　/ 172
　　实事求是，笼络众多优秀人才　/ 173

第3章　**正向激励：激发集体的热情和效率**　/ 177

　　字节跳动的人才激励机制　/ 178
　　中长期激励：开放期权换购　/ 181
　　提供各种福利补贴　/ 185
　　提供学习和发展机会　/ 187

目录

## 第 4 章　大格局：永远着眼长远利益　/ 191

格局决定企业命运　/ 192

从不局限于国内市场　/ 194

就算直面强大的对手，也要坦然面对　/ 197

延迟满足感，着眼更长远的利益　/ 200

# PART 1

## 创建字节跳动：
## 他为移动互联网而生

从许多的"量化指标"来衡量，张一鸣绝对称得上创业圈中的头号玩家。创立字节跳动前，张一鸣曾有过四次创业经历，可以说是饱经风霜，凭借对成功的执着以及技术的精进，他逐步成为信息聚拢分发领域的"绝世高手"。在他的理念中，技术是有温度的引路人，它让个性化内容找到读者，让大规模信息传播成为可能。令人惊叹的是，尽管在2020年上半年获得老虎基金入股的字节跳动内部估值已经达到1400亿美元，但人们依然看不到这家科技企业的边界在哪儿。面对人们心中的疑惑，张一鸣曾笑着解答："事情没有边界，时间也没有边界，最重要的就是一直向前跑。"

# 第1章

## 四次创业，磨砺锋芒

从字节跳动取得的成就来看，其创始人张一鸣无疑称得上是全球最顶尖的企业家。不过在创业这条道路上，他并非一帆风顺，字节跳动科技有限公司是他第五次创业的产物，这比扎克伯格和杰夫·贝佐斯的创业经历加在一起还要多。

PART 1　创建字节跳动：他为移动互联网而生

### 一切都要从报考南开说起

在 2016 年南开大学"校友灯"的启动仪式上，校长龚克与张一鸣共同为首盏校友灯揭牌。此时的张一鸣不会想到，已经从南开大学毕业十多年的自己会以这样一种方式重游母校。

2001 年，刚满 18 岁的张一鸣以一名大一新生的身份第一次走进了南开大学的校门。在福建省生活了 18 年的张一鸣之所以选择不远千里来天津求学，与他高三报志愿时给自己定下的四个标准有很大关系。在张一鸣的憧憬中，第一，大学必须是一所著名的综合性大学；第二，必须要靠海，因为自己特别喜欢吃海鲜；第三，不能离家近，以免自己在学校闹出什么乱子，父母第一时间来到学校揪自己的耳朵；第四，冬天要能下雪，从小到大没见过雪，确实是一种遗憾。四个标准放到一起，张一鸣经过严密筛选后发现，符合全部条件的似乎只有一所学校——南开大学。

在高考报志愿时，张一鸣毫不犹豫地在第一志愿下面填写了南开大学生命科学专业，因为当时高中生物老师常对他说，生命科学将会是 21 世纪

## 第1章 四次创业，磨砺锋芒

科学的领头羊，而第二志愿则是微电子专业。可惜的是，张一鸣高考发挥差了点，所以被第二志愿录取，进入南开大学微电子专业。

入学后，张一鸣发现自己对微电子专业的课程提不起半点兴趣，其他同学不到半个小时就能做好的正弦波信号发生器到了他这儿，至少需要两个小时，而且做出来的正弦波信号发生器在使用的过程中还总是出现故障。这期间，辅导员找到张一鸣并安慰他不要给自己太大的压力。可张一鸣却压根没把这件事放在心上，因为此时他的注意力已经全部被软件工程所吸引。张一鸣发现自己在软件工程专业上有很高的天赋，能够在极短的时间听懂老师想要传达给学生的知识点。权衡利弊之下，张一鸣提出了转专业的申请，经过多轮笔试和面试，张一鸣终于在大三开学之前完成了转专业的所有手续。

而在申请转专业期间，张一鸣也没闲着，业余时间，他经常泡在"我爱南开"BBS网页开发技术板块上，因为技术好，他的名气逐渐传遍了南开大学的"技术圈"，到大三他转专业的前几天，竟发现软件工程专业的老师都知道他了。

回顾张一鸣的大学时光，其实与很多人并无不同，当初入大学生活的兴奋感褪去后，张一鸣逐渐发现，大学生活并不如自己从前想象得那般丰富和刺激。即便成功转专业，张一鸣的学习和生活也没有太大的变化，而且在他上大学的那会儿，连智能手机都还没有，更别说看头条刷抖音了。因此，如何面对无聊且枯燥的生活，成为张一鸣进入大学后需要面对的首要难题。但慢慢地，张一鸣还是从安静朴素的校园和踏实努力的氛围中，找到了属于自己的节奏。

大学期间，张一鸣在学习之余，培养了三个爱好：写代码、看书、修电脑。而他本人也在这三个爱好中收获了耐心、知识与伙伴。

## PART 1　创建字节跳动：他为移动互联网而生

有耐心，能独处，并基于长期思考做判断，而不为短期因素所干扰，耐心地等待自己设想和努力的事情逐步发生，这对所有创业者来说都是非常重要的品质。然而事实上，很多人经常想象得很美好，设计得也很完整，也做出了异于常人的努力，但他所期待的事情，依然需要很长时间才会发生。这种耐心，绝对是张一鸣在南开求学期间没日没夜地写代码所磨炼出来的。

与很多大学新生一样，张一鸣也曾在成长中感到过迷茫。那时候，指引他前行的便是书籍，张一鸣看的书很杂，但归纳下来，教辅类书籍和人物传记是他大学时光中看得最多的两类书。通过阅读人物传记，张一鸣发现很多伟大的人在没有成为伟人之前，也是过着看起来简单枯燥的生活，每天都在做一些微不足道的事情，但这些事情最后能够"串联成线"，成就他们的事业。

寂寞的大学生活，给了张一鸣一生中最安静的阅读时光。他用别人谈恋爱、打牌的时间，阅读了各种各样的书。看书看累了，他就到新开湖畔发个呆，或者在泰达公园散步，给自己列出各种各样与短期目标无关的问题来思考。当然，他也有困惑，觉得看的这些东西和思考的问题虽然都很有意思，但生活中似乎对自己并没有什么帮助。直到后来张一鸣进入互联网行业并开始创业，他从前所学的各种各样的知识才连成线，帮助他快速理解行业、理解管理，更快地掌握了不熟悉的领域，包括如何让信息得到更有效率的组织和分发，从而改变各行各业的效率。

张一鸣在大学里收获的最重要的当属很多像他一样优秀的伙伴。作为一个不怎么参与集体活动的理工男，张一鸣是通过什么方式进行社交的呢？实际上，主要是靠修电脑、编程和建网站。2001年的时候，PC整机还未在国内全面普及，于是电脑知识懂得多的张一鸣便自告奋勇地在鞍山西道那边帮同学挑选配件，组装电脑。当然，这种帮助是有偿的。张一鸣大学四

## 第 1 章　四次创业，磨砺锋芒

年帮同学装过几十台电脑（大部分是帮女同学装），不但要帮忙装电脑，还要经常上门维修。

可以说，张一鸣在当时的南开在电脑这一块还是小有名气的，以至于到后来，张一鸣跟别人打招呼的第一句就是："嗨，你的电脑是我装的……"

这样的搭讪，可以说是别出心裁了。尽管用修电脑这一招当作社交方式看上去有些奇葩，但是非常管用，在他接触过的所有"客户"中，其中一个女生就被他追到了手，大学毕业后，恩爱的二人也在亲朋好友的见证下结为夫妻。

靠着计算机，张一鸣不但收获了爱情，还结识了许多朋友，这群南开的天之骄子中有不少成为张一鸣后来的同事以及创业伙伴，比如梁汝波就是张一鸣大学时期的室友。

梁汝波是张一鸣早期创业时就开始合作的伙伴，在两人做室友的时候，他们共同拥有过一份资产，那是一台只有 256 兆内存的电脑。大二学年结束的时候，张一鸣的电脑机箱在宿舍被盗，剩下的显示器成了摆设，于是他问梁汝波是否愿意去买一部主机，和自己剩下的显示器凑成一对，电脑使用权共享。他还向梁汝波承诺，等到大四毕业时，显示器也一并归梁汝波所有。

梁汝波二话没说，第二天就从南开附近的二手市场淘回来一台主机。从此，梁汝波和张一鸣的关系开始熟络了起来。两个微电子专业的学生在一起钻研计算机科学，学习编程和代码，几乎每个周末，两人都会带着球拍到体育馆打乒乓球。等到大三开学张一鸣转向软件工程专业时，整个电脑的所有权提前转到了梁汝波的名下。而现在，梁汝波已经成为张一鸣拓展事业不可缺少的左膀右臂。

PART 1　创建字节跳动：他为移动互联网而生

## 首次创业：开发 IAM 协同办公系统

在张一鸣上大学期间，中国互联网行业风起云涌，发生了很多大事，特别是互联网泡沫的破灭，给行业内的许多公司造成了巨大冲击。2001 年 8 月 31 日，网易的财务报表显示 2000 年净亏损 2040 万美元，随后纳斯达克宣布网易停止交易，网易也宣布公司创始人丁磊辞去公司董事长和 CEO 的职务；另一边，新浪网创始人王志东也被董事会撤销新浪 CEO 职位，同时免去他新浪董事的资格。

在 2001 年的互联网寒冬中，遗憾出局的不止王志东一人。2001 年 8 月，创办中国第一家 B2C 公司 My8848 的著名网络人王峻涛突然宣布自己将辞去董事长的职务；2001 年 12 月，因开发出中文 Linux 软件而颇受市场追捧的深圳蓝点公司被低价出售，几年前，4 个 20 多岁的年轻人在一家咖啡屋里创办了这家公司，而公司的产品——中文 Linux 软件一度占据了全国市场 80% 的份额，在美国三板 OTCBB 市场上市的蓝点股票市值曾高达 4 亿美元。但在互联网的寒冬之下，这家公司最终以 100 万元人民币的价格被"贱卖"……

2001 年，"死掉"的互联网公司有很多，甚至连被誉为中国互联网公司三巨头的"BAT"也差点在当时的危机中垮掉。事实上，早在 2000 年，以技术股为主的美国纳斯达克综合指数便遭遇重挫，股指不断下滑，网络经济危机全面爆发。到 2000 年 9 月 21 日，纳股指数跌至 1088 点，创下了三

## 第 1 章  四次创业，磨砺锋芒

年来的最低纪录，靠风险投资为生的新兴互联网业遭受灭顶之灾，整个互联网业愁云密布、寒气逼人。

经历了 2000 年全球科技网络泡沫破灭，到了 2001 年，中国互联网其他先行者新浪、搜狐、网易也同样经营惨淡，大多数中国网络公司在把风投资金烧光后就面临倒闭的困境。在这场危机中，国内外大规模互联网公司被清算退出，这是第一次真正意义上的互联网寒冬。据估计，在 2000 年 3 月到 2002 年 9 月，全球互联网公司损失的市值约为 5 万亿美元。

到 2005 年张一鸣大学刚毕业时，全球的互联网环境才刚刚熬过寒冬，当时一位软件工程专业的师兄在"我爱南开"BBS 上看到了张一鸣的背景资料，于是向张一鸣抛出了橄榄枝。在电话中，这位南开师兄将自己的想法简略地跟张一鸣讲述了一遍，自己想做 IAM 协同办公系统，这款产品在市场上的需求很大，而且当时市面上有关 IAM 协同办公系统的产品都做得不好。

IAM 办公系统是一个能够帮助企业规范运营管理方式，实现企业成本最小化和价值最大化的管理工具。它可以起到提高企业办事效率、增强协同办公、优化组织结构、完善管理制度、提高决策效能等作用。

张一鸣挂断电话后陷入了沉思，在 2000 年互联网泡沫破灭后，互联网行业的创业环境很不理想，没有方向和目标的乱闯注定是死路一条，师兄的创业想法很好，但需要有一个明确的计划。

想通了其中的关键，张一鸣又将电话拨了回去……

两个礼拜后，在南开大学附近的一家露天大排档，张一鸣约见了这位师兄，与师兄一起来的还有一位张一鸣不认识的学长。落座后，三个人分别做了一番自我介绍，一边喝酒一边畅谈未来的发展。不得不说，这种基调的对话非常符合张一鸣的胃口，在他看来，年轻人就该敢想敢拼，不气

PART 1　创建字节跳动：他为移动互联网而生

盛还叫年轻人吗？

对于涉世未深的张一鸣而言，这场饭局堪比曹操与刘备的"煮酒论英雄"，觥筹交错间心中的豪迈油然而生。饭局结束后，三人马不停蹄地扯起了一面创业大旗，买电脑、写代码、拉投资、找客户，三人明确分工，所有事项都在有条不紊地进行着。然而正如当时网络上疯传的一句流行语"理想很丰满，现实很骨感"，这次创业仅持续几个月便宣告失败了。

张一鸣在后来总结失败经验的时候说道："自己当时真的是太年轻了。"只一句话便概括了全部。刚从学校走出来的张一鸣虽然拥有对互联网的敏锐嗅觉同时又激情满满，可这对于一名创业者而言，明显是不够的，无论是对市场的洞察还是对用户群体的分析都欠缺一些火候，同时三人又缺乏管理经验和对产品的规划。除此之外，资金和人员的不足也是导致张一鸣失败的重要原因之一，因此这次创业几乎是从一开始便注定了败局。

不过失败归失败，至少这次创业经历让张一鸣清晰地意识到，在互联网行业创业需要找到一个正确的方向，并且能够抓住这个机会。

## 第二次创业："酷讯"搜索引擎

第一次创业失败后，张一鸣与两位师兄分道扬镳，随后他在2006年初来到酷讯网面试，并成为该公司第一位高级技术人员，员工工号003。作为酷讯的第一个工程师，张一鸣全面负责酷讯的搜索研发工作。由于工作出色，一年后他就升职为酷讯的技术高级经理。经过一段时间的勤奋工作，他因

# 第 1 章　四次创业，磨砺锋芒

在技术上有新的突破，又被提拔为酷讯的技术委员会主席，时年 24 岁的他便带领一支 40 人的开发团队搞技术研发，让他成为酷讯一颗耀眼的新星。接下来，酷讯发展迅猛，聘请了很多清华、北大、斯坦福等著名高校学府毕业的计算机专业硕士、博士。

在酷讯，张一鸣虽然只负责产品技术，但他从不分该做或不该做，只要同事有困难找他，他都帮助解决。他会讨论产品体验，也常跟着公司销售总监见客户。工作前两年，张一鸣基本每天凌晨回家，回家后也要熬夜编程。加班并非酷讯要求的，而是张一鸣本人确实对自己的这份工作非常感兴趣，他看过 CodeBase 中大部分代码，从负责抽取爬虫模块到负责整个后端系统，也从小组负责人变为部门领导。每当新人入职时，只要张一鸣有时间，他都会给新员工讲解一遍公司的项目运作。通过对项目细致入微地讲解，张一鸣自己也能得到成长。

与张一鸣同期入职酷讯的，还有两个清华毕业的计算机系博士，可只有张一鸣在工作一年后，晋升成了部门主管。张一鸣所领导的部门负责公司所有的后端技术工作，正是这样一个团队在当时研发出了国内第一个全旅游搜索引擎，这为酷讯奠定了生活搜索领域的领军地位。

那几年，酷讯正处于发展高峰，酷讯的广告打满了北京的地铁站和公交站台，就如同现在的小米和华为一样。可问题也随之而来，酷讯和很多新创业的互联网公司一样进入了发展瓶颈期，虽然公司收获了很多行业的赞誉，但在融资等关键问题上依然举步维艰。公司发展前景不甚明朗，加上内部管理层长期的管理松懈和决策方向不明，使一些员工萌生去意，这其中就包括已经晋升为酷讯技术总监的张一鸣，尤其是当酷讯的联合创始人陈华、吴世春离开公司的消息坐实之后，张一鸣也终于坐不住了。

当时，一位福建龙岩的老乡在得知张一鸣想要辞职的事情时，显得非

PART 1　创建字节跳动：他为移动互联网而生

常激动，他想拉张一鸣过去一同创业。而这位老乡，名叫王兴，也就是后来美团网的创始人。不过张一鸣非常礼貌地婉拒了，他非常想去一家大公司"取经"，去看看人家是如何管理企业的，于是他离开酷讯后没多久便入职了微软中国。

## 与微软相处的短暂时光

2008年春天，张一鸣凭借自己在行业里积累的能力与名气顺利拿到了微软中国的录用通知书，职位是技术工程师。在微软，年纪轻轻的张一鸣就像个临近退休的"老干部"，与繁忙的酷讯相比，在微软的他每天的工作都无比清闲。多数时候，张一鸣只需三四个小时就能完成一整天的工作量，为打发无聊的时光，他只好看书。

从入职微软开始，张一鸣将自己的阅读痕迹留在豆瓣上。2008年的春天，他想读的一本书是《像外行一样思考，像专家一样实践》，而到了年底，他标记的已读图书有8本。这些书里，既有提升工作效率的《高效能人士的七个习惯》，也有冯仑、王石等人的传记。另外，他还看了不少自己专业的书籍。

薪资待遇方面，微软支付给技术工程师职位的薪资基本上算是北京互联网公司里最高的。作为一个老牌IT企业，微软拥有严谨的薪酬结构，类似于阿里的P系列或者腾讯的T系列，每年都会根据员工的绩效做出两次大的调薪。薪级与基本工资和授予的股票挂钩，奖金与基本工资挂钩。调

## 第 1 章　四次创业，磨砺锋芒

薪有严格的规定，上一年被定为绩效不合格，一年内不许调薪。调职或者距离上次调薪时间不足 6 个月不允许调薪。

而其他软性福利，如保险、安全感、尊重、上升空间等多个方面，微软也表现出了"大厂风范"。2008 年的中国互联网圈子里虽然还没有形成"996"的概念，但是加班现象在很多 IT 企业中已然普遍存在。但在微软中国，加班则是不被鼓励甚至是不被允许的，除极少数岗位需要有人值班维护外，其余员工在晚上 6 点都会准时下班，绝不耽搁一秒，完全不用看主管的脸色，因为主管们也急着回家陪家人……

有很多单身的员工下班后没地方去怎么办？微软可以报销一部分员工用于学习上的经费，比如考证、品红酒兴趣班之类的。要是员工正在攻读某个学位，只要员工的绩效不是太差，微软每年还会补助两万元人民币（视具体情况而定）。

微软食堂的伙食很棒，这从张一鸣入职后体重增长的变化中就能看得出来，并且每个部门都配有茶水间，全天免费供应水果、零食及饮料。

但张一鸣其实并不喜欢微软，他是一个喜欢追求挑战的人，微软为员工营造出的"舒适圈"只会渐渐磨平他的棱角。张一鸣外表清秀，性格文静，如同一只兔子，可除了朝夕相处的女友，没人知道他的心底其实藏着一匹凶猛无比的苔原狼。与微软企业文化冲突的张一鸣仅在这里工作了半年便递交了辞职信。

此时，一直关注着张一鸣动态的王兴又一次找到了他，依然诚挚地邀请张一鸣一起联手创业。这一次，张一鸣没有拒绝他，以技术合伙人的身份加入了王兴的团队中，负责饭否网和海内网的搜索技术问题。

PART 1　创建字节跳动：他为移动互联网而生

## 第三次创业："饭否"的技术合伙人

2008年，对于张一鸣来说是充满无限选择的一年。从年初离开酷讯，到微软的短暂停留，再到以合伙人的身份加入"饭否"，这些经历在极短的时间内汇聚在一起，促使他快速成长。

饭否成立于2007年，其创始人是如今凭借美团大获成功的创业达人王兴。在创立饭否之前，王兴的另一个项目"校内网"也做得非常成功，校内网在2006年被王兴以2000万元人民币的价格，出售给了千橡互动集团，三年后"校内网"更名为"人人网"。张一鸣之所以决定加盟饭否，在很大程度上是被王兴的个人魅力和前瞻性的眼光所吸引。

饭否是一款类似Twitter（推特）制作的产品。2006年7月，Twitter的出现，为美国社会带来了一种全新的社交方式，用户可即时更新短文本（Twitter规定不超过140字）并公开发布，这种形式被美国媒体称为"微型博客"。Twitter这款产品在刚上线的时候并没有吸引太多用户的关注，直到次年3月在美国著名的"西南偏南"（South By Southwest）音乐盛典上初露头角，才使人们意识到它不仅是微型博客，更是一种即时通信的方式，这种即时通信的特性让更多用户慕名而来。

Twitter在美国的大火引起了王兴的注意，于是有着"中国Twitter"之称的饭否应运而生。这种新颖的微型博客信息传播方式果然也在国内非常受欢迎，饭否上线没多久便吸引到了国内第一代网络红人、专业媒体人，甚至是娱乐明星入驻。除此之外，很多从事 IT 行业的经理人、白领精英也在饭否落了户。这当中就有后来的"微信之父"张小龙，他在使用饭否的几年时间里，用两个账号总共发布了近 3000 条饭否日记。

得知张一鸣加盟饭否的消息时，王兴非常高兴。为了迎接张一鸣的到来，王兴自掏腰包特意摆了一桌接风宴。跟三年前刚从南开毕业那会儿相比，张一鸣成熟了许多，举手投足间透露着稳重。出席酒宴的饭否骨干人员没人敢小瞧这个 25 岁的大男孩，就是这样一个文质彬彬，一脸书生气的"IT 男"，只用了短短两年时间便将酷讯网带到了一个原本并不属于它的高度。

在这场酒局中，两个同样成长于福建龙岩的男人用福建方言"客家语"相互吐露心声，宛如一对亲密无间的同族兄弟。王兴比张一鸣年长 4 岁，私下里张一鸣也不见外，直接称呼王兴为"王哥"，正所谓"兄弟齐心，其利断金"，饭否网在这两个龙岩客家人的手上，业绩蒸蒸日上。

2009 年上半年，饭否的用户数从上一年年末的 30 万左右激增到了百万。同年 6 月 2 日，惠普成为饭否首个企业付费用户，饭否开始获得第一笔收入。与此同时，一批文化名人的加入，带动了饭否的快速成长。但就在所有人认为饭否网会向好的方向发展时，2009 年 7 月由于疏于内容监管，饭否网的服务器全部停止运营。

至此，以王兴、张一鸣为首的饭否管理层终于意识到，饭否的恢复运营可能真的遥遥无期了。虽然心有不甘，但王兴只能宣布解散团队。

饭否被关闭后，新浪、网易、腾讯、搜狐等国内门户网站先后推出了微博客服务，其中新浪微博成为发展最快的一家，众多前饭否用户被迫转移到了新浪微博。饭否的关停被认为是新浪微博迅速发展的契机之一。甚至有一部分人认为如果饭否当初没有停运，可能在微博产品领域就没有新浪什么事了。可现实没有如果，只有结果。

2010年11月25日，被关闭505天的饭否网站逐渐恢复运营，不过只有原注册用户才可以登录访问，新用户注册需老用户邀请。505天的时间对于一个初创公司来讲可以发生什么？人员更替、产品迭代，甚至股东易主都是常见之事，以互联网企业的发展速度，505天很可能使一个企业从A轮融资跨度到B轮融资，而这505天对于饭否来说则是用户散逸、人员流失及竞争对手雄起。如今，饭否网依旧在运营中，只是没了昔日的朝气与荣光。

张一鸣在饭否服务器关停后不久便带着王兴的祝福离开了团队，当饭否在一年半后"起死回生"的时候，张一鸣也已经在互联网行业里显露出锋芒，在信息搜索领域搞出了名堂。

## 第四次创业：独自创办"九九房"

王琼，是一位获得了纽约州立大学硕士学位的女学霸，同时，她也是风险投资领域为数不多的能够做出成绩的精英。2009年，王琼在海纳亚洲投资基金（SIG）担任董事总经理，她曾经投资过酷讯。在酷讯的一次管理层会议上，王琼以投资人的身份结识了负责后端技术的张一鸣，张一鸣在会议上的沉稳发言和极强的专业能力给她留下了深刻印象。

2009年，酷讯已经开始走下坡路了，仅剩下房产搜索业务板块还能勉强盈利，而这正是张一鸣此前在酷讯任职技术总监时做出来的产品。王琼十分看好房产搜索这种模式，恰逢饭否停运，于是开始拉拢张一鸣做有关

## 第 1 章　四次创业，磨砺锋芒

房产搜索方面的项目。现成的机会摆在面前，去还是不去，对张一鸣来说这是一个非常值得思考的难题。一方是待自己如同手足的王兴，而另一方则是曾经酷讯的主要投资方王琼。十分纠结的张一鸣只能征求女友的意见，女友并未正面回答这个问题，而是让张一鸣跟随自己的心走。张一鸣沉默着点了点头，几天后，张一鸣便离开了王兴团队，与王琼共同探讨新项目的事宜。

2009年9月，张一鸣创立"九九房"，首次以CEO的身份开始领导团队，九九房的业务拓展非常顺利。实际上，九九房是从酷讯房产板块分拆出来的一家垂直搜索网站，团队几乎保留了以前的所有核心骨干，因此在管理上，让张一鸣省下了不少时间和精力。

在张一鸣的带领下，九九房的发展非常迅速，尤其在移动端，已成为2011年房产类应用的第一名。在九九房巅峰时期，其用户超过600万，移动产品用户量超过100万，日启动10万人次。要是张一鸣能一直将这个项目成功做下去，说不定张一鸣以后能够成为一名地产界大佬。

但此时的张一鸣却陷入苦恼，因为他看到移动互联网发展的迅猛趋势，并敏锐意识到做一个全网全内容大平台的时机已经成熟。九九房的发展固然很好，只是池塘太小，经不住他折腾。工作之余，张一鸣曾多次和王琼探讨这个问题，而王琼也对此表示理解，并明确表示：无论张一鸣下一个项目做什么，自己都会支持他。

于是，张一鸣卸去了九九房CEO的职务，带着王琼、刘峻、周子敬、曹毅等人投资他的200万元人民币，在北京的一间小出租屋里做起了一家新公司——字节跳动。

2012年3月，在张一鸣的期望中，团队有序运转，字节开始跳动，谁也不会想到几年后，它将以黑马之姿横空出世，震撼整个世界！

# 第2章

# 字节跳动的诞生

关于字节跳动，自它诞生之日起，外界对它的描述和讨论就从未停止。而张一鸣本人则在 2019 年字节跳动的 7 周年庆典上才首次提到，"字节跳动是一家务实浪漫的公司。"张一鸣所谓的"务实浪漫"，实际上就是将想象变成现实。体现在字节跳动的产品上，有同理心是务实，有想象力是浪漫。在张一鸣看来，字节跳动无论是从第一版推荐引擎的诞生、移动互联网广告的探索，还是国际化的加速推进，都是务实浪漫的体现。

PART 1　创建字节跳动：他为移动互联网而生

## 从知春路的小民居里再出发

2012年春天，张一鸣又带领老同学梁汝波等，开始了走出大学校园后的第五次创业，他给自己的公司起了个很有趣的英文名字——ByteDance，并出任公司的总经理。

这年3月，字节跳动在知春路的一间民宅中创立，公司所在的小区名叫锦秋家园。关于公司的选址，张一鸣抱着租金少、不浪费空间、工作生活方便的念头。实际上，最主要的原因还是在于创业之初没有太多资金，虽然手里有着王琼等人投资的200万元，但创业之路满布荆棘，要是不把钱花在刀刃上又如何能够披荆斩棘？

张一鸣是一个非常务实的人，他与女友结婚时也只是简单地到民政局领了个证，连婚纱照也没拍。创业前期亦是如此，他将手头的钱都花在了购买办公设备和人员招聘上。创业初期，简陋老旧的民宅的确为张一鸣省下一笔不小的写字楼租赁开支，但也着实"吓"退了很多过来面试的人，有些刚毕业的名校高才生一看是这样的办公环境，连面试环节都省了，直

## 第 2 章 字节跳动的诞生

接扭头就走。不过,张一鸣却认为"斯是陋室,惟吾德馨",甚至在这栋房子里有男女两个卫生间,都已经是一件很奢侈的事情了。

不得不说,张一鸣的陋室创业像极了马云创立阿里巴巴时的样子,同样在简陋的民宅创业成功的,还有任正非和他的华为。据说,自主研发无人机的大疆创新科技最开始的时候也是在一所民宅里起家的。

在锦秋家园的民宅中,研发、财务、设计分别在不同的卧室办公,公司会议室只有 5 平方米,起初人少的时候还能勉强坐得下,可当人稍微多起来时,男同事都只好站着开会,因为他们将那几把椅子都留给了女同事。

2012 年年末,张一鸣和员工就在那个面积不怎么大的公司里举行了一场年会,叫了海底捞的外卖。海底捞外卖服务人员带来八个电锅,不过最终张一鸣和员工们只用了其中的四个,因为八个电锅同时使用会导致电源跳闸。那时,一群年轻创业者聚在屋子里吃着火锅唱着歌,大多数人都没想过字节跳动在不久的将来居然能做到现在这么大。早期加入字节跳动的员工在后来的回忆中说道:"那时候去上班,就像从自己住的地方,到了朋友家住的地方,大家在座位上相互讨论问题,大家怎么舒服怎么穿,整个公司的氛围很开放,重要的是公司虽小,但公司环境整洁,并不会觉得辛苦。"

到 2013 年年初的时候,公司产品的 DAU(日活跃用户数量)已经逼近200 万,团队也在这段时期开始迅速扩张,员工从十几个人增长到三十多人。锦秋家园的那套民宅显得愈发局促,加上公司业务的快速发展,已经开始有一些合作要谈,因此张一鸣不得不在 2013 年 3 月开始寻找新的办公地点,两个月后,公司全部成员搬去了一公里外的盈都大厦。

盈都大厦是一栋商用办公楼,很多互联网公司都在这里创业过。字节跳动租用的区域在第十层,电梯门一打开,就是员工打饭的餐道,每到中午,大家拿着自带的餐盒过来打饭,吃完后再自己洗干净晾在架子上。与之前

PART 1　创建字节跳动：他为移动互联网而生

在锦秋家园相比，这里的办公环境有了很大的改善，但美中不足的是，新办公地点的中央空调不是很给力，夏天入伏的日子令人有些难受，有时赶上高温天气，行政人员会到附近超市买冰棍、冰镇饮料到工位上挨个发给大家。

从2013年开始，那些从锦秋家园时期就一直追随在张一鸣身边的老员工明显能够感觉到，字节跳动的发展仿佛突然驶入了快车道，业务拓展得非常快，快到盈都大厦第十层的新办公场地并没有支撑多久便又容纳不下员工了。在字节跳动搬到盈都大厦的两年内，公司又相继承租了八层、十一层、三层……

字节跳动的队伍就是从这段时期开始逐步扩大的。盈都大厦每一层的使用面积大约在900平方米，几乎每层都被塞进去200个工位，而对比同级别的互联网外企，如果是这个人员规模，工区面积几乎达到了3000平方米。在盈都大厦办公的日子里，员工工位密集到饮水机不能插电，因为一插电就可能会引发跳闸，于是大家只能在寒冬腊月里喝凉水。但随着公司的规模越来越大，这些鸡毛蒜皮的小事已经没人在乎了，在如此狭小的区域，能有一个属于自己的固定工位已经谢天谢地了。有时候，前一天还在使用的会议室，到了第二天上班的时候就都变成了工位，两排桌子紧挨着，过道进去都得侧身，对于一些身材富态的员工来说，每次走入工位都是对自己的挑战。

盈都大厦的办公条件如此，外地办公室的情况也差不多。在字节跳动搬到盈都大厦的第二年，也就是2014年的时候，公司在上海搭建了第一个外地办事处。由于办公大楼不够气派（其实是非常寒酸），在最初的很长一段时间里，上海办事处的团队成员都不好意思领客户回办公楼谈业务，而是尽量约在附近的咖啡馆里……

## 第 2 章　字节跳动的诞生

不过，在张一鸣看来，最好的工作环境并不一定是夏天有空调、冬天有暖气、饿了有下午茶、困了有咖啡，而是身边有一群才华横溢的优秀同事，为了同一个梦想拼搏不息——就像在锦秋家园和盈都大厦办公的时光，虽然没有高大上的工作环境，但是能与一群优秀的人一同做有挑战的事情，是值得自己用一生时光来铭记的幸福记忆。

**转折年：一个全新的开始**

在盈都大厦办公的日子里，字节跳动开始有了稳定的广告收入，公司第一次品尝到了盈利的滋味，同时也在国内更多的城市开设了办事处。

而盈都大厦人挤人的办公环境，也随着 2016 年公司总部搬入中航矮楼后宣告结束。

2016 年对于张一鸣和字节跳动来说都是充满着转折的一年。这一年刚过完元宵节不久，张一鸣就带着员工搬到了更大的中航矮楼，依然在知春路的范围之内。与盈都大厦人挤人的环境截然不同，中航矮楼的二层挑高 14.2 米，单层面积达到 5000 平方米，这让刚搬来的员工感觉自己身处一座巨大的迷宫，有时去趟厕所，回来之后就找不到自己的工位了。

就在搬家当天，张一鸣给所有员工群发了一封电子邮件——《新办公室的第一天》，提醒各位同事除了晒新办公室照片以外，还应该在朋友圈里重点晒出公司的位置，用张一鸣的话讲就是"我们是少有的在帝都中心知春路的公司"。

## PART 1　创建字节跳动：他为移动互联网而生

自此,"年轻人不要住在城乡接合部"成为字节跳动的生活哲学。此外,张一鸣还在邮件中提道:"很多公司搬到好的大楼就萎靡了,我们应该警惕'大公司'心态,避免搬到功能完备、舒适的环境中,就与外界隔离,对用户和行业不敏感了。"

不过事实证明,张一鸣的担心是多余的。因为他"震惊"地发现,这个大到多数人第一天行走都会迷路的办公楼,在搬来后的不到两个月的时间内,居然又快要坐不下了……工位紧张的根本在于公司业务发展太快,导致HC(head count,预计招聘员工人数)无法预估。中航矮楼似乎成了字节跳动的一块"福地",自从搬到这里以来,公司很多事业都在超预期发展。例如,在2016年底,今日头条的DAU达到7500万,增速依旧没有放缓,反而加快了,8月就完成了年初定的全年目标。

字节跳动终于挺过了最初创业的风雨飘摇的困难时期,开始向着美好的方向发展。产品业务上的猛增态势,也隐隐揭开了字节跳动在竞争激烈的互联网行业与各方巨头"华山论剑"的序幕。

公司业务迅速增长,加速了字节跳动国际化的发展,张一鸣和团队不得不抽出更多时间来讨论国际化。但是当时包括张一鸣在内的很多员工都没有出国经历,因此一提到将来要走出国门去外面谈合作的时候,很多员工都表示自己非常心虚,但也有神经大条的员工对此表现出向往。例如,有名员工对待工作非常积极,有一天在会议上主动提出自己可以去印度做调研,尽管这名员工此前没出过国,连护照和签证的区别都搞不清楚。张一鸣对他笑了笑,并祝他好运。可是过了几天,当张一鸣通过电子邮件询问那名员工此刻正在德里还是班加罗尔时,那名员工却惆怅地说自己还在知春路……他在印度过海关的时候被拦住了。张一鸣询问具体原因,那名员工解释说是自己拿的证件不行。张一鸣又问他拿的什么证件,员工回复

## 第 2 章　字节跳动的诞生

说是 APEC 证。

听到这个回答，张一鸣先是愣了一下，随后有些不解地通过电子邮件继续询问："你是说你拿着一张环太平洋组织的证件，想要去印度洋的国家是吗？"

过了半晌，那名员工发来了邮件回复说："上面写着印度啊！"同时还通过附件寄来一张图片，张一鸣仔细在那张图片上寻找着印度，可是看了好几遍也没找到。最后，张一鸣忽然意识到，这名同事不会以为 APEC 证上的 IDN（Indonesia）就是印度吧？可这明明是印尼啊。

当然，这个小插曲并未阻碍同事前往印度的热情，找出原因后的一个礼拜，该同事终于踏上了印度的土地，而且还在自己的抖音账号里发布了小视频，坐在"突突车"上，长途跋涉了两次，总算入关了，感觉还挺欢快的……

张一鸣在后来的一次内部会议上回忆说，这个同事让他想到唐僧西天取经，几经长途跋涉，终于取到了真经。

但在社会日新月异的变革进程中，光想着到"西天取经"则明显是制约公司发展的，西边取完了经，东边呢？南边呢？北边呢？伫立在全球市场的大门前，张一鸣隐约感觉到这扇国际化的大门在未来不久将会为字节跳动开启。

PART 1　创建字节跳动：他为移动互联网而生

## 有趣的名字——字节跳动（ByteDance）

公司的名字很重要，往往也有一定的寓意。对于为什么给公司起一个如此有趣的名字，张一鸣在后来的采访中回忆道："ByteDance这个名字，是受到了乔布斯'将产品置于科技和人文艺术的交界处'的影响，我们在讨论的时候认为'byte'（字节）很有科技感，而'dance'（舞蹈、跳舞）很艺术，将二者结合在一起很浪漫，随后我们又根据ByteDance翻译了'字节舞动''字节跳跃''字节跳动''字节炫舞'等几个名字，最终公司的中文名字还是决定使用'字节跳动'。"

字节跳动成立的头一年，张一鸣想要做个性化推荐引擎，但当时公司员工不多，并没有这方面的人才，开会的时候多数员工心里是打退堂鼓的，担心没有做推荐引擎的"基因"和能力。张一鸣却鼓励他们说："推荐我们不会，但可以学。"于是，张一鸣在翻遍各大网络论坛、讨论科技话题的社区时发现了一个叫作项亮的博士。项亮此前在网上发布了数篇有关推荐系统的论文，论文的内容浅显易懂，很好地勾勒出了当时商业的主流算法，以及工业推荐系统是如何打磨的。

这些知识要点给了张一鸣不小的启发，张一鸣通过站内私信联系到了项亮，想从项亮手里拿到有关推荐系统的全部资料，但项亮却告诉张一鸣，自己已经将以前发表的论文重新梳理了一番，投到了出版社，并签署了出

## 第 2 章 字节跳动的诞生

版合同，在图书尚未出版之前，自己是不能把电子稿随便拿给别人看的。无论张一鸣如何旁敲侧击、软磨硬泡，项亮就是不肯把电子稿传给他。无奈之下，张一鸣唯有亲自出马，以项亮之前发布的论文为基础，加上自己的"连蒙带猜"，用了差不多一个月的时间，终于写出了字节跳动的第一版推荐引擎。值得一提的是，后来项亮博士在张一鸣的极力邀请下加入了字节跳动，做视频推荐算法的相关工作，工作成果直接向今日头条技术副总裁杨震原汇报。

在字节跳动刚创立的那几年，做推荐引擎对创业公司来说，难度是非常高的，那时候多数互联网企业还是偏向于做 APP，盈利高、见效快。此外，也有一些公司尝试通过简单的定制实现个性化，但真正下决心做推荐引擎的公司很少，因为失败的案例很多。

但张一鸣却认为，想要让字节脱离束缚自由跳动，就必须想办法彻底解决个性化的问题，如果打造的产品只是微创新，也许能在短期拿到一些移动互联网的红利，但不可能取得根本的突破，不能真正地为社会、公司创造价值。

在这件事上，张一鸣曾特意询问过公司合伙人张利东的看法，张利东对做推荐引擎特别有信心，张一鸣问他为什么，张利东说因为用户反馈邮件里经常有人说想来打广告，虽然这些用户可能单笔广告费不会超过 5000元，但至少已经有人愿意和他们合作了。

张一鸣认真思考了下，觉得张利东的话说得在理，从长远的发展来看，只有个性化推荐信息流广告才能从根本上解决当时行业里的推荐引擎算法薄弱的问题。为了验证自己的这个想法，张一鸣决定找一个广告主尝试一下个性化推荐引擎的效果。

2013 年 9 月，张利东拉来一单生意，是国美电器（北太平庄店）想要

## PART 1　创建字节跳动：他为移动互联网而生

做一次推广。当时，字节跳动还没有一个完善的广告系统，于是员工在信息流直接编码，把广告的素材数据和地理位置范围投放硬编码写到了业务代码里面。为了证明广告有效，张一鸣还和技术组的成员们设计了闭环：用户刷到广告后，点击收藏文章，拿着文章，到国美电器（北太平庄店）消费满200元，就能得到赠品———一小桶食用油。

活动刚开始的时候，技术人员把活动推荐半径设为3公里，结果一上午过去了，并没有人带着广告过去消费，于是在中午吃饭之前，技术人员把半径扩大到10公里，一个多小时后，有十几个用户拿着收藏文章的手机找到了国美电器（北太平庄店）。随后，技术人员又继续扩大，最后将范围辐射到了北五环，在国美电器（北太平庄店）打烊前来了一百多个顾客，终于把礼品全部领走了。尽管这次尝试的效果很难用"满意"来形容，但张一鸣和员工们却非常兴奋，因为这意味着字节跳动公司实现了移动互联网定向闭环 LBS（Location Based Services）广告。

在当天的庆功宴上，张一鸣对几个同桌的技术骨干说了这样一番话："今天广告的投放让我想起了《史蒂夫·乔布斯传》，乔布斯在17岁生日的时候，他的爸爸送了他一辆车，然后接下来作者用了很长一段话都在描述那个车有多破，但最后乔布斯却说：'但这是一辆车啊。'这就是我对我们今天第一个信息流个性化推荐广告的感受……"

第 2 章 字节跳动的诞生

## 最初的尝试——内涵段子

2012 年初,张一鸣在与投资人王琼讨论未来发展时,是这样描绘字节跳动的:"我们要覆盖很多形式,图片、视频、文章、音乐,要很多主题,有搞笑,有美女,有知识,有资讯,还有其他的。我们要覆盖很多平台,有手机有 PC。我们的产品信息构架要覆盖分发、创作,我们邀请很多创作者,我们要很多的互动,有神评论,有头条的热门互动。"

于是,在创业最初的三个月里,字节跳动先后推出"内涵段子""搞笑囧图""内涵漫画"等多款应用。其中,内涵段子发展最为迅猛,作为字节跳动的首个爆款产品,内涵段子在极短的时间内就吸引到大批用户。到 2016 年字节跳动推出抖音时,内涵段子的 MAU(月活跃用户)已经超过了 2000 万,注册过内涵段子的用户更是高达近 2 亿。

内涵段子 APP 有多个频道,包括"推荐""图片""段子""段友秀""同城"等。大多数用户接触最多的,是应用首推的"推荐"频道,这其中有图文,也有视频,内容多以轻松、诙谐、搞笑为主。

早期的内涵段子采用的是用户审核机制,发布到平台的段子好不好笑是由其他用户说了算,那时的内涵段子是真的具有"内涵"的——很多段子手既有才又幽默,编出的段子既不失风趣又能针砭时弊。与同一时期的搞笑类 APP"暴走动漫""百思不得姐"相比,内涵段子的用户黏性更高,

029

## PART 1　创建字节跳动：他为移动互联网而生

到后来甚至发展出来一个群体，叫作"段友"。段友们购买带有内涵段子LOGO的文化衫，并将内涵段子的LOGO做成车贴，贴在自己的爱车上面，这些自发的行为足以证明用户对于内涵段子的喜爱。然而这一切，却随着时间的流转慢慢变了味。在内涵段子迅猛发展的过程中，难免有"脏东西"混了进来，大量"低俗无内涵"的言论开始在平台上滋生，让这个原本给用户带来欢声笑语的APP逐渐变得乌烟瘴气。

在2017年前后，打开内涵段子APP，映入眼帘的多是"无脑喷""无聊刷屏""地域黑""三观扭曲"的内容，十个热门发帖中，五个评论区都是脏眼睛的。再加上平台在监管方面的不作为，结果导致很多早期"入坑"的段友心灰意冷，从手机上默默卸载了这款APP，而一些还在坚守的资深段友也逐渐被这种氛围带偏，从段子手堕落成为"网络喷子"，开始对别人进行冷嘲热讽。这个低门槛、亲民的搞笑类垂直平台，在2017年前后渐渐成为网民宣泄恶意甚至传递网络暴力的温床。

内涵段子的"堕落史"并未持续太久，2018年4月10日，国家新闻出版广电总局责令字节跳动永久封停内涵段子，理由是"内涵段子客户端软件和相关公众号存在导向不正、格调低俗等突出问题，引发网民强烈反感。为维护网络视听节目传播秩序，清朗互联网空间视听环境，根据相关法律法规，责令永久关停内涵段子客户端及公众号"。

次日凌晨，张一鸣公开发表致歉信，并真诚地向监管部门致歉，向用户及同事们道歉。张一鸣在道歉信中确认字节跳动将永久关停"内涵段子"客户端软件及公众号，并表示产品走错了路，出现了与社会主义核心价值观不符的内容，没有贯彻好舆论导向，甘愿接受处罚，所有责任在自己。

内涵段子的封停正应了《武林外传》中姬无命的那句癫狂的名言："是我杀了我。"可以说，导致内涵段子出现这种结局，基本上是平台管理团队

## 第 2 章　字节跳动的诞生

的自取灭亡。可能很多人并不清楚，尽管内涵段子的用户数量远超其他竞品，但内涵段子几乎没有找到有效商业化的方法，于是字节跳动开始逐渐将内部资源投放到了其他的产品上，最终在 2016 年 10 月，字节跳动基本放弃了对内涵段子的图文内容的审核。其结果就是，内涵段子的平台上图文内容以及底部评论出现大量低俗、色情、谩骂、网络暴力现象。最终，内涵段子迎来了属于它的审判，那柄一直悬挂在它头顶的达摩克利斯之剑毫不留情地落下。内涵段子 APP 之死的背后，是用户对于幽默搞笑内容的海量需求，与搞笑类垂直平台对更加海量、更加多样 UCG 内容的低效审核之间的矛盾。

我们知道，审核能力和力度在很大程度上决定着搞笑类垂直平台的内容体量和用户体量，是其最大的掣肘。在这样的情况下，平台的应对方式可能是严控内容数量（如提高审核标准），也可能减少内容种类（如不开通搞笑短视频版块），又或者发动用户自发审核。如若不然，只能接受沦为小众的现状。平台若能用技术创新突破审核能力这道关卡，就如打通了任督二脉，所向无敌；如若不然，乱练一气必然走火入魔。

内涵段子，一个现象级 APP 的落幕可谓大势所趋，同时也为字节跳动在其他业务上的发展敲响了警钟。

# 第3章

# 超级产品"今日头条"

2012年8月,字节跳动推出今日头条第一版,并尝试将"算法制"第一次运用在新闻领域。张一鸣利用机器爬虫来抓取全网所有的新闻报道,然后用人工智能的推荐引擎来给每一篇新闻做评估筛选,再将不同的新闻文章推送给不同的用户,以此来保证每个用户都能看到自己最感兴趣的内容。这种"算法制"的产出方式,每天可以产出数万篇新闻文章。这种效率是其他门户网站依靠人力撰稿所做不到的,就这样,"算法制"逐渐成为互联网新闻产品的标配。

PART 1　创建字节跳动：他为移动互联网而生

## 在餐巾纸上写下商业计划书获得融资

在中国，很多互联网行业的创业者都对咖啡情有独钟，例如搜狐创始人张朝阳，总是有人能在搜狐总部附近的咖啡厅遇到他；例如网易创始人丁磊，公司里一直流传丁磊在电梯里向员工借钱买咖啡的传说；再例如微信创始人张小龙，他边喝咖啡边演讲的操作已经不是一次两次了……

张一鸣也喜欢咖啡，但与喝咖啡相比，张一鸣更喜欢咖啡厅的氛围。也许很少有人知道，张一鸣创立今日头条的启动资金，就是他在咖啡厅跟王琼谈来的。据王琼后来回忆，当时两人见面的情形是这样的：

2012 年大年初七，九九房 CEO 张一鸣约我见面。

我们约在距离他办公室很近的一家咖啡厅里。我到的时候，看到张一鸣穿着一件黑色羽绒服坐在角落的一个位子上。此前三个月，一鸣告诉我，他想在九九房之外再做点别的有意思的事情，抓住当时移动互联网的浪潮，但做什么，又没完全想好。

## 第3章 超级产品"今日头条"

那天很冷，咖啡厅因为人少，连灯都没开。我现在还记得，当时一鸣是用咖啡馆的一张餐巾纸，在纸上画线框图，跟我讲解他构想中的产品原型。

这张餐巾纸后来去哪了，我不记得了，一鸣也忘记了。反正，大体上，就是现在今日头条的样子。

我觉得这事儿很新鲜，当即跟一鸣敲定，并保证天使轮和A轮，海纳亚洲都会参与。我当时完全没有料到在未来很长一段时间里，几乎没有投资人会看好这个产品；同时，我也没有料到，今日头条日后会成为一家超级独角兽公司。

而张一鸣在几年后接受采访时，关于他与王琼的那次见面经历，从他的视角来看则是：

我跟服务员要几张纸，可对方却会错了意，给我拿了一叠餐巾纸。我有点不好意思再麻烦服务员，于是就用咖啡馆的餐巾纸讲解自己构想的产品原型：当时国内没有人这么做，有一些兴趣阅读的产品，是需要用户自己选择兴趣的。订阅了相关兴趣专栏后，才能看到文章，这显得很笨拙。

于是，我对王琼说想做搜索引擎，结果王琼想都没想就答应（投资）了。

不久之后，张一鸣给九九房找好下一任CEO后果断离开，算是对过去的两年半做了个交代。虽然张一鸣凭借个人魅力和私人交情，今日头条很顺利地拿到了早期投资，可一旦公司达到数千万美元的估值，就必须让接下来的投资人知道公司不单单是在咖啡厅里涂涂画画"攒"出来的产品想法，而是必须让投资人能够看懂公司实实在在的商业逻辑了。

当今日头条依靠王琼和她身后的海纳亚洲创投基金完成了A轮融资后，

## PART 1　创建字节跳动：他为移动互联网而生

一个很现实的问题是，整个资讯内容市场，基本上已经被各大门户网站瓜分殆尽。网易、搜狐、腾讯、凤凰这些新闻客户端，在当时几乎覆盖了全部用户。每次张一鸣与投资人见面时，投资人总会问："你说的这些我都懂，可你如何证明字节跳动能在资讯内容市场与现有的门户网站掰手腕？新浪、网易、搜狐都号称自己有几亿用户了，你们呢？"

2012年10月，张一鸣带着产品出去转了一圈，不是很顺利，这个时候，他清楚自己必须要有一份更详细和更有说服力的商业计划书了。以现在的眼光来看，张一鸣做出的第一份商业计划书，可以说是今日头条最用心也是最重要的一份商业计划书。毕竟，在当时，今日头条虽然业务有些起色，但内容创业并不是当时的投资风口，而今日头条相比其他名义上的竞争者们，也似乎没有什么优势。因此，必须有一份商业计划书，能够把自己的投资价值以及与竞争者们的差异化优势，清晰而有说服力地给投资人讲明白。

凭借这样一份商业计划书，张一鸣让 DST Global（一家全球知名的投资公司）看懂了今日头条的商业价值，2013年9月1日，字节跳动获得 DST Global、奇虎360 的 1000 万美元 B 轮融资。2014 年之后，今日头条估值开始跳涨。此后，业务上了轨道的今日头条，即便没有商业计划书，或是在商业计划书中，无须再对投资亮点进行详细解释和反复阐明，也已经能够让后来的投资人清晰地看到方向，并做出投资决策了。

# 第 3 章 超级产品"今日头条"

## 错过"头条"的投资界大佬

错过优秀的初创企业，是经常发生在投资人身上的事情。即便是以"别人恐惧我贪婪"而著称的投资大亨巴菲特，也曾拒绝过亚马逊，错失过谷歌的股票。

张一鸣字节跳动寻求 A 轮投资人的时候，也经历过数次"被拒绝"的戏码。2016 年，张一鸣作为嘉宾，参与录制央视《对话》节目时，曾谈到创业初期的艰辛，称自己一个月见了 30 多个投资人，因说话太多导致失声，张一鸣能感受到，其实在早期的时候，整个业界并不看好今日头条这个项目。

不过凡事总有例外，在今日头条的早期发展过程有两个人一直坚持相信张一鸣以及他的智能引擎推荐技术，一位是海纳亚洲创投基金的总经理王琼，另一位则是天使投资人刘峻。

2013 年 3 月，头条当时的 DAU 已经稳定在 300 万上下，并且一直在稳步增加。所以，王琼靠着自己在创投行业的人脉约见了至少 20 位投资界的朋友，跟他们介绍张一鸣的产品。但是一圈走下来，依然没人看好今日头条。其中包括一些投资圈的大佬，比如梅花创投吴世春、金沙江创投朱啸虎、GGV 符绩勋等，还有互联网圈的巨头，比如腾讯、小米和凤凰等。

在天使投资人的信条里，错过项目比投错项目更令人遗憾，今日头条就是被梅花创投吴世春错过的项目，而吴世春还是张一鸣此前在酷讯工作

PART 1　创建字节跳动：他为移动互联网而生

时的老板。可惜的是，喜欢投熟人的吴世春就偏偏错过了张一鸣。吴世春在后来一次访谈中提及，在今日头条天使轮融资时自己其实是有关注的。可没想到张一鸣那么快就拉来了投资，如果当时自己更敏锐一点的话，就应该早点去找他。

如果吴世春对错过头条并没有感到遗憾，那么金沙江创投的总经理朱啸虎则不止一次公开表示过对错过今日头条的后悔："觉得他太斯文，然而中国的互联网还是需要创始人凶狠一点，所以当时就没有投资。"

2013年3月，张一鸣在王琼的推荐下曾拜访过朱啸虎，可双方这次见面仅仅聊了15分钟，朱啸虎便明确拒绝了张一鸣："新浪（2013年）的市值不过30亿美元，5000万美元的估值投一个移动端的新浪，你让我怎么赚钱？"头条的前景如何暂且不提，朱啸虎在公开采访中表示："投资人一般喜欢气场强大的人，像饿了么张旭豪、滴滴程维都是气场足够强大的人。比较斯文的创业者就容易被投资人错过，比如今日头条的张一鸣。"

同样，对错过今日头条感觉比较遗憾的还有GGV纪源资本管理合伙人符绩勋，他在接受《AI财经社》的采访中称："做B轮时和张一鸣沟通比较多，也拿到很多数据来研究，但还是做了一个错误的判断。2013年觉得今日头条使用人群有限，市场空间恐怕不大。现在看来，中国更多人群是在三四线城市，是我触达不到的人群。另外，张一鸣身上的创新能力和管理上的突破，也是我没有预期到的。"

与资本圈的投资人不同，天使投资人刘峻认为："BAT的反应相对比较迟钝，大公司对外面的创业公司往往容易俯视，刚开始是看不上，后来又总觉得自己一出手就能把人灭了，结果一错再错。他们也都找今日头条谈过几次，都想让今日头条站队，腾讯还想占比例大点，但是也没成。"

例如，2012年，搜狐的创始人张朝阳曾接触过张一鸣，但最后没谈拢。

## 第 3 章 超级产品"今日头条"

因为在张朝阳看来,已经拥有成熟新闻客户端的搜狐,不需要再投资外部创业公司。可八年后,字节跳动在非公开股票交易中估值已超过 1000 亿美元,而反观昔日大佬搜狐当前市值只剩约 6.7 亿美元。

与搜狐相仿,新浪在头条团队只有 50 人的时候就与张一鸣碰过面,但是最终也没投,新浪董事长曹国伟觉得张一鸣做的这个项目并没有什么前景。后来,当字节跳动的 50 人团队拓展到上万人的企业时,新浪还是有机会参与今日头条融资的,但当时曹国伟依然觉得 VC(风险投资)要价太狠太贵,因此只拿了很少一部分股份。到涨了几倍的时候,新浪就退出了。当然有个时间背景是,2015 年时微博复兴,彼时微博应该已经意识到跟头条是直接竞争关系了。

互为竞争关系,新浪抛售今日头条的股份合情合理,但奇虎 360 集团董事长周鸿祎则对自己的选择相当懊悔:"没投今日头条,或者投晚了,其实这都不是最愚蠢的错误。最愚蠢的错误是我在一开始就投了,但中间在很低估值的时候就退出了。"

在张一鸣为了融资东奔西跑的日子里,小米创始人雷军也与张一鸣进行过深入的交流,雷军旗下的顺为资本早在今日头条要融 A 轮时就评测过这个项目了:顺为投资团队一致认为张一鸣是非常优秀的创业者,对他个人以及他所做的事情都很认可,但是当时纠结于估值并没有投。

可最让雷军和顺为资本 CEO 许达来痛苦的是,今日头条接下来每一轮融资的估值都翻了几倍,于是顺为团队内部讨论时说,每一轮都说上一轮没投,这一轮估值翻了几倍为什么还要投……

不过,雷军因为仍然看好这一项目,最后还是让顺为投了今日头条。但这是在今日头条估值相对较高的时候投进去的,错过了字节跳动的 A 轮投资对雷军而言也非常可惜。

PART 1　创建字节跳动：他为移动互联网而生

## 核心技术：个性化推荐算法

在张一鸣看来，算法是今日头条这款兴趣推荐搜索引擎应用的核心，它在字节跳动几乎所有旗下的产品中都发挥着重要作用。今日头条之所以能够非常懂用户，精准推荐出用户所喜好的新闻，完全得益于算法。而正是精准推荐，使得今日头条在短短的几年时间内便拥有了数亿用户，每天有超过1亿用户在今日头条上阅读自己感兴趣的文章。

今日头条的爆发式增长与张一鸣的敏锐嗅觉密不可分。早在2012年，张一鸣刚推出今日头条这款产品时，就坚定地认为互联网给用户带来了大量的信息，满足了用户在信息时代对信息的需求，却也使得用户在面对大量信息时无法从中获得对自己真正有用的那部分信息，对信息的使用效率反而大大降低，而解决这个问题最有效的办法是推荐系统。推荐系统能有效帮助用户快速发现感兴趣和高质量的信息，提升用户体验，增加用户使用产品时间，并有效减少用户浏览到重复或者厌恶的信息带来的不利影响。通常推荐系统越精准，用户体验就越好，用户停留时间也会越长，也越容易留住用户。

千人千面的算法推荐不是今日头条首创的，早在1995年，MIT媒介实验室的创办人尼古拉斯·尼葛洛庞帝（Nicholas Negroponte）就在自己的著作《数字化生存》（*Being Digital*）一书中第一次提出了"我的日报"（The

Daily Me）的概念，"在不久的将来，在线新闻将使受众有可能主动"，从传统纸质到线上传播，信息分发真正意义上的第一次变革源于搜索引擎的出现。伴随着信息大爆炸，用户主动寻找信息开始成为可能。但随着移动互联网的出现，新的信息载体却带来了完全不一样的传播方式——个性化推荐（如图1所示），也就是尼葛洛庞帝当初所设想的千人千面的"The Daily Me"。

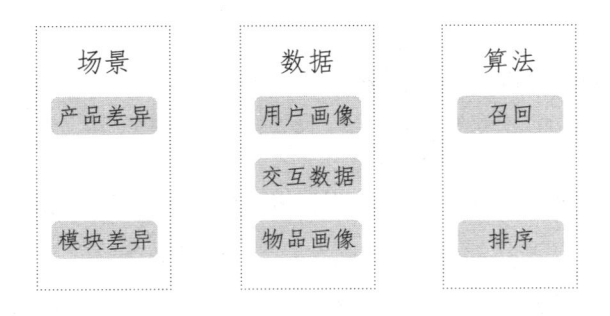

| 场景 | 数据 | 算法 |
| --- | --- | --- |
| 产品差异 | 用户画像 | 召回 |
|  | 交互数据 |  |
| 模块差异 | 物品画像 | 排序 |

图1　个性化推荐算法三要素

从"人找信息"到"信息找人"，这是信息分发1.0时代到2.0时代最核心的变化。无论是今日头条，还是BAT三巨头都及时意识到了这样的变化，通过推荐引擎，它们正重新定义移动端的信息分发模式。而紧紧抓住这次信息分发方式变革的张一鸣从一开始就认定，今日头条并不是单纯意义上的新闻客户端，而是一种全新的信息分发平台，在这个平台上无论多么"长尾"（Long Tail Effect）的内容都将被有效分发。

虽然从现在来看，国内各大互联网企业对信息分发2.0的理解不尽相同，但殊途同归，数据挖掘、神经网络、自然语言理解、机器学习这些人工智能技术都正在深入到这些产品的骨髓之中，而基于算法做个性化推荐的信息流形式，也已经成为如今内容分发渠道的主流形态。

PART 1　创建字节跳动：他为移动互联网而生

可以不断下拉和刷新的信息流，数倍于传统门户的广告位，并且更适合于做转化率更高的原生内容广告，信息分发从 1.0 时代过渡到 2.0 时代已经成为一种不可逆的趋势，而本质上，这场信息分发之争还是流量转化和变现能力的暗战。

## 内容输送基地——头条号

上文中，我们讲述了今日头条的核心技术——个性化精准推送以及信息分发，那么它的内容来源于哪里呢？其实，今日头条的内容来源于千千万万的头条号，正是这些头条号为今日头条提供了源源不断的优质内容。

什么是头条号？头条号，曾被张一鸣命名为"今日头条媒体平台"，是字节跳动旗下的一个媒体/自媒体平台，致力于帮助企业、机构、媒体和自媒体在移动端获得更多曝光和关注，在移动互联网时代持续扩大影响力，同时实现品牌传播和内容变现。另一方面也为今日头条这个用户量众多的平台输出更多更优质的内容，创造更好的用户体验。

打造平台良好的内容生态，是张一鸣在推出头条号时制定的重要发展方向。基于移动端今日头条海量用户基数，通过强大的智能推荐算法，优质内容将获得更多曝光，而业界领先的"消重机制"（对相似、重复的内容进行比对，使其不会同时或重复出现在用户信息流中的过程），能够让原创者远离侵权烦恼，专注内容创作，同时借助头条广告和自营广告，让入驻媒体/自媒体的价值变现有更多可能。

## 第 3 章 超级产品"今日头条"

也就是说,自媒体用户可以通过头条号发布图文和视频,为今日头条提供优质原创内容,头条号是生产平台;而今日头条是通过智能推荐把头条号的内容,进行精准分发到属于头条的各大平台上,今日头条是分发平台;头条号从属于今日头条。

推送机制成熟,用户量非常大,门槛低、爆文概率高,内容要求垂直度高,内容审核容易过是头条号的主要特点,自媒体作者想要变现,可以依靠广告分成、平台补贴、青云计划、知识付费、圈子付费、打赏、带货销售、自营广告等多种方法。

头条号的对标产品是微信公众号,但头条号却在很多方面比微信公众号更受内容创作者喜欢。例如在平台开放程度上,由于微信公众号属于私域流量平台,因此相对较封闭,因为它需要用户自行订阅,所以即便创作者精心做内容,账号在短时间内也无法得到很好的传播分发;而头条号平台的推荐机制具备更大优势,它主要根据"推荐"决定阅读数,而不是"粉丝",简单来说就是只要创作者能获得更多推荐,那么这篇文章阅读量就越高。

从平台属性方面来看,目前微信主要是给用户解决社交问题,方便用户的及时沟通和消费支付。而今日头条现在的主要功能是给用户提供一个资讯内容平台,两大平台虽然都在不断向外界输出内容,但却不是同一个类型的平台。

总体而言,在目前国内的社交网络生态中,头条号的信息传播矩阵比较丰富,有抖音视频、火山视频等。信息和用户之间的智能匹配,信息和信息之间的关联以及匹配智能化程度都比较高,同时很多自媒体创作者考虑到即将到来的人工智能,也都将精力投向了头条号。

PART 1　创建字节跳动：他为移动互联网而生

## 不断细分，批量生产 APP

从上线之初到 2015 年，主打移动资讯分发的今日头条 APP，一直是字节跳动公司的最主要产品，今日头条 APP 的信息流广告也是字节跳动公司的主要营收来源。因此，外界，包括字节跳动内部的人也一直将"今日头条"作为自己的公司称谓。

然而，从 2015 年开始，情势发生了根本转变。

2015 年 8 月，今日头条推出海外版 TopBuzz，开始了其国际化布局的第一步。

2016 年 5 月，今日头条开始依托短视频内容，先后孵化了主打 PGC（专业生产内容）的西瓜视频和主打 UGC（用户原创内容）的火山小视频。

2016 年 9 月，今日头条更是推出了改变中国互联网行业格局的音乐短视频平台——抖音。

2017 年 6 月，头条则再次推出悟空问答，进入问答领域。

2017 年，是今日头条在海外快速拓展的一年，先后推出了火山小视频海外版 Hypstar 和抖音海外版 TikTok。同时头条还收购了短视频平台 Flipagram、移动新闻服务商 News Republic 和音乐短视频平台 musical.ly。

业内人士对于字节跳动的共识是该公司产品迭代的能力极强，尤其是在重点布局的领域，总能让新兴的产品在上一代产品陨落之前接棒，继续

## 第 3 章 超级产品"今日头条"

带着未完成的使命赛跑。例如：多闪被融合进 Faceu 时，飞聊悄然上线；AIKID 停止运营、gogokid 也被曝出裁员时，大力课堂高调亮相。字节跳动总能将新旧两个产品衔接得很好，就好像它已经为上一个产品的失败做好了准备，又或是因为有足够的"备胎"，根本就不惧断档的存在。

这种自信归根于字节跳动的流水作业架构。字节跳动没有按业务线划分事业部，而是只有技术部、User growth（用户增长）部和商业化部三个核心职能部门，三个职能部门参与到每个 APP 的运作，分别负责留存、拉新和变现。而这种流水线组织设置造就了字节内部批量生产 APP 的能力，使得字节在进军一个细分领域时，可以同时上线多个产品，并对产品快速迭代。

头条旗下到底有多少款 APP，这个问题恐怕连字节跳动公司的员工都鲜有人能够全部答上来。单是在 2016 年，字节跳动进军短视频，就同时启动了三个项目：抖音、火山、西瓜，并为字节奠定了"短视频第一"的位置。随着市场验证，抖音成为其中的佼佼者，公司的资源也渐渐向抖音聚拢。在头条产品广受关注的同时，头条系有着非常清晰的海外计划，张一鸣给自己定了一个"小目标"——三年实现国际化，超一半用户来自海外。

字节跳动这种"地毯式孵化"批量产出的 APP 如同一片片等待验收的试验田，哪些 APP 要放弃，哪些 APP 又要继续投入资源？张一鸣的做法是，引入数据。字节跳动有专门负责产品增长的团队。这个团队构建了一个强大的数据监测系统，他们会花大价钱去买市面上的数据，尽可能监控所有产品，用来指导研发。

不过，也并非所有的项目都遵循这条流程，例如抖音这款 APP 其实在孵化期的数据就表现得不是很好，如果放在其他的互联网公司，这个项目可能早就被放弃了。

很多读者可能不知道的是，字节跳动当时推出抖音时预想的是直播软

PART 1　创建字节跳动：他为移动互联网而生

件，可是 2016 年出现的直播风口很快就过去了。这时，抖音团队尝试调整方向去做短视频。刚开始，很多中小学生使用这款产品。但运营了一段时间后，抖音团队发现中小学生平时的主要精力放在学业上，他们创作视频的时间以及能力都非常有限。于是，抖音团队再次调整定位，转向城市潮人、留学生等。通过地推，找到有创作能力的草根网红、流量明星，说服他们来抖音拍原创短视频。这才有了后来抖音的爆红。

如果按照字节跳动 APP 工厂的流程来看，抖音其实也应该是被放弃的一个业务，但为什么抖音团队一直没有解散重组呢？字节跳动创新产品负责人陈林是这么说的："放弃一个项目，主要看数据，也要有领导者的判断。领导者要判断数据不好，是市场不够大、需求本身不成立，还是自己没做好。"

近年来，字节跳动对游戏、搜索、电商和教育等领域进行了持续探索，除了抖音体系内的短视频和直播电商，还在多个方面做出尝试。字节跳动依靠着一款款产品获得流量优势，然后再通过构建有效的流量模式，不断提升变现效率。建立新的产品、服务，将流量连接到具体的、高频使用的应用场景，字节跳动才能够更高效地完成 C 端变现的转化。这也是移动互联网企业遵循的共同逻辑。

# 第4章

## "今日头条"的崛起之路

当前，互联网流行着一句话："如果明天抖音打倒了阿里，后天击败了腾讯，千万不要诧异，因为抖音似乎已经要'干掉'一切了。"今日头条始于资讯，兴于短视频，多元化经营和国际化布局的战略，也展示了"今日头条"这个新互联网巨头的崛起之路。

PART 1　创建字节跳动：他为移动互联网而生

## 微头条和悟空问答

经常使用今日头条的读者朋友可能听说或使用过"微头条"和"悟空问答"，作为"头条系"旗下的产品，微头条和悟空问答在刚推出时，几乎在所有的头条系软件中都做过宣传推广。

微头条是今日头条 APP 内一种基于社交的内容形态，是基于粉丝分发的一款社交媒体产品，通过微头条，用户可以随时随地发布短内容，与人互动、建立关系，机器会将其推荐给粉丝和可能感兴趣的用户群体。在抖音、西瓜等短视频 APP 还未大火前，微头条在某段时间则是今日头条自媒体用户的"涨粉担当"，不少大 V 都在使用微头条与粉丝进行互动。

微头条于 2014 年上线，上线之初便吸引了多位明星名人大咖入驻，既有郭德纲、吴京等明星，也有雷军、张召忠等各界名人。微头条增加了社交分发的机制，让内容分发的链条变得更完整。对于创作者，微头条帮助他们迅速圈粉，以保证内容高效触达粉丝，从而让他们在今日头条的 ID 更有价值；对于普通用户，他们也跳出了"读者"的单一身份，可以在今日

## 第 4 章　"今日头条"的崛起之路

头条拥有一些社交的场景，与喜欢的明星名人和内容创作者互动。

微头条在内容分发上同样运用了信息分发技术，对创作者发布的内容不做任何截流，即使粉丝数量不多，但只要内容好就能获得推荐，甚至会推给更广泛的人群，令素人玩家"走红"的时间极大地缩短了。

几乎在微头条这款产品发布的同时，字节跳动还将运营了一年多的"头条问答"正式升级为"悟空问答"。"悟空"是所有国人集体回忆中最为美好和令人骄傲的部分，"悟空"家喻户晓，陪伴过许多人的成长，字节跳动希望悟空问答能够延续这种意义，跨越地域、人群和年龄，成为包容所有人、被所有人热爱的问答平台。

作为对标"知乎"的产品，悟空问答总是被网友和知乎放在一起进行讨论，总体来看这两个平台各有长短，并相互补充。

从平台氛围来看，知乎上各种科技爱好者与行业专家比较多，所以其回答很专业，但普及性弱，有些回答在一些非专业人士看来晦涩难懂；相比之下，悟空问答就显得更接地气，实用性也更强，其内容有很强的生活气息，回答问题的门槛比较低，这可以让更多用户参与进来。如果用一句话归纳总结，或许可以简单理解为：知乎定位精英化，悟空定位全民化。

从产品方面看，知乎的产品体系更加完善，从线上到线下，早已形成了完善的知识生态圈。打开现在的知乎 APP，用户可以看到问答动态、热门、提问和视频、专栏、圆桌、知乎 Live、书店和付费咨询等品类丰富的知识产品；而反观悟空问答，可以说该产品的形态还未完全确定，公开的只有问答、专栏等基础功能。

在用户的数量上，知乎始终稳定占据着问答类软件的头把交椅；悟空问答和百度知道、分答、企鹅问答等产品暂列第二梯队。虽然就目前来看知乎的发展略胜于悟空问答，但是近两年来悟空问答的"进攻"势头很猛，尤其是面对知乎时，悟空问答采取了一系列的措施，例如不惜花费高价吸引 KOL（意见领袖）、知名大 V。字节跳动并不缺钱，它可以用补贴的方式在短时间内吸引更多用户。不过，这种"砸钱"的方式是否会将整个知识分享行业拉入"补贴战"，就目前而言还未可知。但可以肯定的是，字节跳动的这种投入，足见对悟空问答这款产品的重视。

### 今日头条与腾讯的竞争

在很多熟悉张一鸣的人看来，他是个"技术直男"，属于典型的理科生。张一鸣"直"到什么程度呢？自从他创业以来，向来不虚竞争对手，无论对方掌控着千亿帝国还是万亿帝国，正面硬刚就是了。2016 年，腾讯有意出价 80 亿美元收购头条，面对腾讯掌门人马化腾抛出的橄榄枝，张一鸣看都没看，直接回复："我创办头条的目的，不是为了给腾讯打工。"一句话差点将"小马哥"的脸"怼黑"。

当时，今日头条累计激活用户已突破 6 亿，人均使用时长超过 76 分钟，日均阅读量达到 8 亿次，海量的移动阅读数据已经成为今日头条挖掘商业价值的金矿；而另一边的腾讯，QQ 月活 7.83 亿，微信月活 9.89 亿，两款产品几乎涵盖了全中国所有的移动互联网用户，但此时的马化腾却并无太多激动之情，因为他清楚在这份巨量的用户数据背后，似乎也预示了腾讯在社交领域已经开始触及天花板，而想要继续获得成长，就必须要开发新领域和接纳新的用户，这其中即将成为消费主力的年轻人和下沉市场的用

## 第 4 章　"今日头条"的崛起之路

户正是腾讯眼中的下一个目标，因此腾讯决定将手伸向了羽翼还未丰满的今日头条。于是，就有了后来张一鸣怼马化腾的一幕。

然而，商战是残酷的，企业与企业之间的碰撞从来不是打打口水仗那么简单。在张一鸣拒绝腾讯收购意向后不久，腾讯率先出招，向今日头条发难。先是在没有事先通知对方的情况下停止了多款头条系产品的微信账号登录授权，随后腾讯方面就开始禁止包括今日头条、抖音、西瓜视频在内的头条系产品在微信内部进行分享。这一系列的"封杀"举措，让两家公司的员工相互之间没少打口水仗，后来两家公司对簿公堂互诉"反不正当竞争"，也多少与此相关。

关于腾讯对字节跳动产品的封杀，各界的反应不一。一些观点认为，微信已经是移动互联网时代的"关键设施"，因此其对竞争对手的封杀就是滥用自己的市场支配地位；而另一些观点则认为，腾讯是否让其他软件在微信内部转发，是否允许其他软件通过微信授权进行登录，都是其自身的权利，他人不应对其进行指责。可以说是"公说公有理，婆说婆有理"，一时之间很难说清谁对谁错。

一波波短兵相接下，头条和腾讯的竞争已经在所难免。面对腾讯的强势搅局，张一鸣曾一度焦虑失眠，每天睡眠不足四个小时。与此同时，眼见字节跳动市值节节攀升的马化腾也同样焦虑，他所焦虑的并不是自己的财富变化，而是腾讯这个商业帝国如何寻找未来，突破用户数量这层天花板。

互联网行业，流量池总量是恒定的，能力互通、用户重合，这些特征决定了互联网巨头跨界竞争是不可避免的。纵观中国互联网的发展史，企业之间的跨界竞争早已成为常态，禁封是商业手段之一。面对腾讯的竞争策略，字节跳动的反击也在有条不紊地进行着。例如，今日头条也颁布了封禁微信的规定，用户不得在头条上推广微信公众号。那些被查出存在违规行为的用户，轻则禁言，重则封号。

腾讯和头条之争，本质上是对用户时间的争夺。有分析报告称，抖音的崛起其实是抢占了王者荣耀的时间，因为两款产品的用户有很大一部分重叠。而抖音的爆发式增长，也让腾讯高管层感到焦虑，因为腾讯缺乏能与之一战的产品。尽管腾讯做出的应对措施是重启微视，但在一些业内人士看来，微视当年没有做起来，产品本身是有问题的，现在匆忙重启微视，很难起到抵御头条系产品，尤其是抖音APP用户快速增长的效果。事情的发展也正如这些人所料，尽管微信和QQ可以为其提供流量入口，但微视的观看和互动人数仍无法与抖音匹敌。2019年5月至6月，微视的DAU从600万增长25%至750万，但这样的增长曲线却是腾讯倾注了将近半个集团的资源去支持的结果，显然不尽如人意。

面对抖音这样强劲的竞争对手，微视显然是无法与之抗衡的，唯一的办法就只有强强联手。因此，腾讯将投资的目标转向了短视频领域的另一款产品——快手。

对于腾讯而言，此时投资快手，并不寄希望快手一年可以为自己挣多少钱，而是快手能否在获得自己加持后给予抖音乃至今日头条更大的压力，从而拖慢后者数据增长和业务拓展的速度，并反哺自己更多喘息的空间和应对的时间，这或许才是腾讯极力推进与快手更高层面合作的最终目的。

# 第4章 "今日头条"的崛起之路

## 今日头条与百度的竞争

在字节跳动崛起之前,国内的互联网三巨头当属"BAT"(百度、阿里巴巴、腾讯)。不过,当字节跳动开启了国际化战略,海外业务蒸蒸日上,市场估值达到1000亿美金之时,这个"BAT"的说法可能就要有了改变,因为字节跳动(ByteDance)公司的英文首字母同样也是"B",字节跳动能否取代百度,与阿里巴巴、腾讯组成国内的新"BAT",一时之间成为众多网友津津乐道的话题。

2019年,字节跳动宣布进军搜索领域,这给依赖引擎搜索技术制霸中国互联网行业的百度带来了巨大震动。或许是感受到了地位的威胁,百度和今日头条之间的公关战开始逐渐增多,甚至上升到对簿公堂。

2019年4月26日,就在世界知识产权日当天,百度与今日头条掀起了一轮起诉大战,双方分别起诉对方。百度与今日头条及抖音母公司字节跳动的互相诉讼早已不是第一次,甚至已经成为"惯例"。事实上,早在2018年时,百度与字节跳动就曾发生多次诉讼。百度和头条公关部的"恩怨"由来已久。两家公司掀起激烈纠纷战的背后,是双方业务竞争的短兵相接。就目前来看,百度与字节跳动旗下多个公司在搜索、短视频、长视频、信息流等业务上均有直接竞争关系。

而就在两家公司的法务部门"互掐"之时,关于百度内部成立内容生

**PART 1　创建字节跳动：他为移动互联网而生**

态市场部，由百度公关总监熊赟直接负责，间接向百度董事长特别助理马东敏汇报。该消息在网上传得沸沸扬扬。针对这些信息，百度公关部第一时间发文回应称，内容生态市场部才成立半个月，网上的内容是伪造信息。但是，两家公司的公关部门却因此事陷入了长久的互斥。

两家公司之所以能够"杠"到这个地步，这与头条的核心业务——信息流产品有很大关系。如今，信息流这块的业务已经成为众多互联网公司的必争之地。在所有竞争选手中，当属百度和头条这两家公司的体量最为庞大。

几年前，当百度创始人兼董事长李彦宏被问及"如何看待今日头条的竞争"时，他是这样回应的："在哪儿都会有竞争，我们从来没有奢望做什么事情是没有竞争的。"李彦宏当时还称，信息流将是百度的下一个增长点。在主抓信息流工作的一个月之后，李彦宏在百度高管内部会议中将"内容分发"放到了第一的位置，并重点提了信息流产品——从PC互联网到移动互联网，越来越多的内容创造者选择了微信、微博、今日头条等平台。

尤其是当今日头条的收入正在成几何级数增长，李彦宏以及百度T10级别的高层管理人员都感到深深的焦虑。字节跳动信息流、搜索、短视频业务"多点开花"，正以肉眼可见的速度抢夺着原本属于百度的市场。流量为王的时代，谁占据了流量，谁就能赢得发展。字节跳动从今日头条起家，但是早已经不是今日头条。抖音如同火箭般的发展速度和2.5亿的DAU抢走了大量的用户时间，众多广告商的首选也已经不再是百度。

2020年，百度第一季度的财报显示，百度总营收为225亿元人民币（约合31.8亿美元），同比下降7%；反观字节跳动，第一季度营收额飙升至400亿元人民币（约合56亿美元），同比增长130%。显然，百度已经在与今日头条的交锋中落入下风。

# 第 4 章 "今日头条"的崛起之路

## 遭到质疑，进行大规模"整顿"

在我国的互联网公司中，今日头条可以称得上是领到处罚最多的公司。据公开资料显示，2017年12月，今日头条被中央网信办约谈，紧急关闭"推荐""热点""社会"等六个频道；2018年3月，央视的《经济半小时》曝光了今日头条在二三线城市大量刊登违法广告的情况，报道指出"今日头条利用二次跳转发布虚假广告，引诱消费者步入圈套。这不仅侵害消费者合法权益，还危害到相关药品企业正常经营"；2018年4月，火山小视频被爆出存在大量未成年孕妇、未成年妈妈和未成年二胎妈妈的主播问题，有媒体称这将严重误导青少年的健康成长。国家新闻出版广电总局点名今日头条，让火山小视频暂停更新并下架。

2018年4月10日，这可能是自2012年张一鸣创立字节跳动后人生中最灰暗的一天，今日头条旗下用户最多的APP"内涵段子"被国家新闻出版广电总局勒令永久关停。内涵段子有2亿用户，从商业价值来看，丝毫不逊于今日头条，然而就是这么一个人气火爆的APP却在极短的时间内被永久关停，张一鸣受到的打击可想而知。除上述处罚外，今日头条还被《广州日报》起诉抄袭，被国家版权局介入，被北京市工商局调查非法贷款，被《新京报》狂批，被北京市文化旅游局处罚，一时之间，几乎所有的相关部门都对今日头条生出了意见……

## PART 1　创建字节跳动：他为移动互联网而生

这么一大波的负面新闻推动之下，大众对今日头条这个品牌的认知有了发生改变的趋势，所以今日头条急需策略的调整，利用集团品牌的变更来逃离负面舆论的漩涡。于是，今日头条借此时机正式更名为"字节跳动"，自身只作为母公司旗下的一个APP，这也是"字节跳动"改名的真正缘由。

内涵段子被封，公司经历了更名风波令张一鸣更加内敛、沉稳，此时的张一鸣做了两个重要决定：第一，他在首届数字中国建设峰会上，发表了题为《技术出海，建设全球创作与交流平台》的主题演讲，并开始将公司的业务重心放在国际市场；第二，字节跳动开始大规模招聘内容审核编辑岗位，用来加强平台上的内容审核。根据招聘信息来看，入职今日头条的这个职位，将会享受到六险一金、住房补贴和免费三餐以及带薪休假的福利。至于岗位职责，则是要求每位员工每天审核1000条左右的内容，来判定自媒体们在今日头条上发布的文章是否违规等工作。

2018年，虽然字节跳动经历了内涵段子APP下架、抖音APP和今日头条APP等整改风波，但令无数人感到惊讶的是，这家公司仍然保持着极快的增速。尤其是国内市场，腾讯在短视频和社交领域早已与字节跳动剑拔弩张；百度与字节跳动的交锋也愈发明显，尤其在信息流市场对广告的争夺。而在百度和腾讯外，字节跳动旗下业务与微博、知乎、快手等产品都存在着直接竞争关系……在与众多竞争对手的竞争中，进入2019年之后的字节跳动，其商业化进程陡然加快。一方面，在广告营收突飞猛进的前提下，电商、游戏、金融和教育等领域频频出击，尤其是头条的游戏布局已成为市场不可忽视的一股力量。从字节跳动的产品矩阵看，类型都是以视频、资讯为主，视频方面则主要布局短视频。但是关于其做长视频的传闻，一直没有停止过。另一方面，在抖音月活跃用户数突破5亿后，这款短视频领域的现象级产品开始大规模商业化试水，在国内市场上线购物车，探索

## 第4章 "今日头条"的崛起之路

社交电商，在海外市场则开始测试广告业务。

在激烈的互联网行业中，每家公司都必须不断地进行自我创新，唯有如此才不会被时代所淘汰，当然，这当中也包括字节跳动！2020年开年，受特殊情况影响，很多互联网巨头公司都在裁员，可字节跳动却在这个时间节点上招兵买马，继续壮大着自己的队伍！就连前美国迪士尼国际市场和视频业务的负责人凯文·梅耶尔（Kevin Mayer）也跳槽到了TikTok，任首席运营官。凯文·梅耶尔的入职，对于字节跳动来说，是人才招聘的标志性事件。

对此，很多人或许心中不解，字节跳动这样一家互联网科技公司，为什么从娱乐业招了一个高管？站在字节跳动的角度来说，其实招聘凯文·梅耶尔当COO，并不是看重凯文·梅耶尔的个人技术，更多的是看重其个人特质对业务带来的增量，以及其能够融入当地文化的身份背景。从这个角度来说，凯文·梅耶尔确实非常符合字节跳动的要求。

事实上，仅在2020年上半年，字节跳动就已经从Facebook、Google等国际互联网大厂招了至少五名高管，依据的就是字节跳动专人专用的多元化标准。这些入职的高管并不需要了解国内的业务，因为他们根本不需要参与进国内的事务，他们只需要给字节跳动的海外业务做出贡献即可。

PART 1　创建字节跳动：他为移动互联网而生

## 字节跳动的多轮融资与估值

2017 年，当字节跳动的估值为 220 亿美元时，在张一鸣参加北京举行的某次会议上，主持人向他提问道："你的目标估值是 1000 亿美元吗？"

张一鸣的回答却是："为什么要限制我们将要实现的目标？谷歌就从未设定过这样的目标。"张一鸣大胆的回答已将他的雄心壮志显露无遗。

从 2012 年 3 月创业，到 2020 年字节跳动市场估值突破千亿美元，张一鸣仅用了八年时间，市值增长的背后主要源于字节跳动抓住了中国移动互联网的内容资讯与短视频风口，同时也与幕后风险资本的助力有着密切的关系。

根据公开资料显示，字节跳动在创立八年来，总共经历了九次数额巨大的投资和融资：

2012 年 3 月 9 日，字节跳动获得 200 万元人民币的天使轮投资，投资者包括海纳亚洲王琼、源码资本曹毅与天使投资人刘峻、周子敬。

2012 年 7 月 1 日，字节跳动获得 SIG 海纳亚洲创投基金 100 万美元的 A 轮融资。

2013 年 9 月 1 日，字节跳动获得 DST Global、奇虎 360 的 1000 万美元 B 轮融资。

## 第4章 "今日头条"的崛起之路

2014年6月1日,字节跳动获得红杉资本中国、新浪微博基金、顺为资本1亿美元的C轮融资,股份占比达到20%,公司估值达到5亿美元。

2016年12月30日,字节跳动获得红杉资本中国、建银国际10亿美元的D轮融资,股份占比达到9%,公司估值达到110亿美元。

2017年8月1日,字节跳动获得General Atlantic(泛大西洋投资)20亿美元的E轮融资,股份占比达到9%,公司估值达到222.22亿美元。

2017年12月1日,字节跳动曾经获得战略投资,但是未披露具体金额与投资人。

2018年10月20日,字节跳动获得软银愿景基金、KKR、春华资本、云锋基金、General Atlantic40亿美元的Pre-IPO融资,股份占比达到5%,公司估值达到750亿美元。

2020年3月30日,字节跳动获得Tiger Global Management(老虎环球基金)的战略投资,未披露具体金额与股份占比,但字节跳动的估值因此突破1000亿美元。

从以上融资历程中我们可以发现,字节跳动基本保持一年一次的融资节奏,公司的估值从最初的几百万美元、几千万美元飞速增加到2020年的1000亿美元,这种估值的增长速度仿佛坐了火箭一样,与当初的阿里巴巴、腾讯相比,毫不逊色。

而在这份投资名单中,我们看到了许多风险投资大咖的身影,这其中既有国内的周鸿祎的奇虎360,也有马云的云锋基金,还有雷军的顺为资本,以及大名鼎鼎的红杉资本中国,同时还有国外的俄罗斯DST这样的互联网投资常客,还有日本孙正义的软银,以及老虎环球基金。

如今来看,字节跳动的规模已不仅仅代表一个企业,而是一条产业链,

PART 1　创建字节跳动：他为移动互联网而生

成为继阿里巴巴、腾讯之后的超级互联网独角兽。从市值来看，虽然字节跳动目前尚未上市，但 2020 年最新一轮估值已到千亿美元，以此体量可排至中国互联网前三，仅次于阿里巴巴和腾讯；从营收规模来看，近几年来字节跳动的营收呈现几何级别增长的趋势，从 2017 年的 150 亿元，到 2018 年 500 亿元，再到 2019 年突破 1400 亿元，增长势头惊人；从用户数量来看，根据 QM《2019 中国移动互联网秋季大报告》，字节跳动系应用的用户在移动大盘的渗透率增长至 63.7%，直追百度；从广告业务来看，根据北师大《2019 中国互联网广告发展报告》，字节跳动已经超过百度和腾讯跃居中国互联网广告收入排行榜第二位，份额约占 23%，仅次于阿里。

这一切都建立在字节跳动在高速增长的主营业务收入上，只要字节跳动能维持自己的增长速度，现有的估值并不算高。

在字节跳动的估值面前，亚马逊是一个先例，在 2015 年亚马逊盈利之前，这家公司整整亏损了 20 年，但华尔街在 2015 年给它的估值却是 3000 亿美元，并且很多人看好亚马逊的市值有望超过 1 万亿美元。而到了 2020 年下半年，亚马逊的市值果然突破了 1 万亿美元，达到了惊人的 1.6 万亿美元，更为可怕的是，该公司的股价攀升势头还在持续着。

现在，字节跳动要做的，就是走上亚马逊的"老路"，公司维持高增速，在讲好自己商业故事的同时等待一个绝佳的上市时机。

# 第 4 章 "今日头条"的崛起之路

## 距离上市还有多远

自从字节跳动旗下的 TikTok 成功打开了国际市场的大门之后，关于字节跳动上市的传闻便从未间断。2018 年，字节跳动三天两头被传融资上市，传言估值有 350 亿美元左右、450 亿美元、750 亿美元等。甚至还有传闻称抖音将于未来进行独立融资，估值在 80 亿美元到 100 亿美元之间。

对于自媒体口中的种种融资和上市传闻，今日头条官方微博"今日头条黑板报"曾辟谣过："媒体报道称今日头条正在进行新一轮融资，估值 350 亿美元左右，阿里系云峰基金参与洽谈。同时，抖音将于未来进行独立融资，估值在 80 亿美元到 100 亿美元。以上报道为假消息，请勿传播不实信息。"对于其他上市消息，"今日头条黑板报"则对外回应不予置评。

而 2020 年 7 月，字节跳动上市的消息又一次传出，这次是分拆上市方案，国内业务分拆在香港或上海上市，预期业务估值为高达 1000 亿美元。海外业务（主要是 TikTok）则准备剥离出售，不过，也有一种说法是 TikTok 将在海外上市，据说估值为 500 亿美元。也就是说，字节跳动的整体估值为 1500 亿美元。

事实上，当前业内已有不少人将字节跳动当作中国第三大互联网公司来看，也有给出 2000 亿美元估值的说法。种种猜测和分析皆表明字节跳动是中国互联网公司的新锐，同时也是最被业内人士认为未来能够登上擂台，

# PART 1　创建字节跳动：他为移动互联网而生

正面挑战腾讯和阿里巴巴的公司。

纵观全球互联网发展史，一个仅做内容就能够达到千亿美元市值的公司，在字节跳动之前唯有雅虎。2000年前后，雅虎的市值曾一度冲到了1280亿美元，成为全球第一家市值过千亿的互联网公司，然而令所有人都没有想到的是，雅虎的高光时刻非常短暂，仅不到五年时间，其市值就跌到了500亿美元左右，蒸发了一大半。

从某些方面看，字节跳动与当初的雅虎非常相似：其一，雅虎和字节跳动都极度依赖广告业务变现。在雅虎之前，很多人都不相信在一个免费提供内容的页面铺设广告会带来什么收入，但雅虎仅用了两年左右的时间，就颠覆了当时互联网人的认知。1997年，广告业务为雅虎创造了超过7000万美元的收入，直至移动互联网时代，广告依旧是雅虎的核心收入来源。字节跳动的营收结构极具风险，也是因为广告收入占比过重。有数据显示，2019年的广告收入占比高达85.7%；两家公司都称得上是流量"明星企业"。1996年，成立仅一年的雅虎页面周平均访问量从3200万跃升到4500万，成立不到两年时间，这一数字骤升至1亿。当年美国人口数量为2.694亿，互联网用户数量仅为人口的16.4%。无论是门户网站还是信息流，都给其相对应的创新性公司带来了流量的爆炸式增长。

同时，就目前来看，字节跳动在搜索业务上的薄弱也与当年的雅虎非常相似。互联网发展到今天，搜索业务已经成为市场刚需，如果字节跳动一直利用算法和推送来维持用户黏性，谁也没有办法保证用户能一直喜欢下去。十几年前，雅虎没落的根源主要就是搜索的缺失，所以我们现在看到了字节跳动正在想方设法加快补足搜索入口，但在百度稳如磐石的搜索业务根基面前，字节跳动想要"夺食"并非张一鸣构想的那样轻松，于是字节跳动不得不与百度在法庭上展开数次交锋……

## 第 4 章　"今日头条"的崛起之路

虽然在诸多方面,字节跳动与当年风头一时无两的雅虎都存在相似之处,但客观来讲,相较于雅虎衰落时的管理层,张一鸣更年轻,做事也更激进,更为关键的是张一鸣有野心、不服输。在几年前的乌镇互联网大会上,张一鸣曾表示:"中国的互联网人口,只占全球互联网人口的五分之一,如果不在全球配置资源,追求规模化效应的产品,五分之一,无法跟五分之四竞争,所以出海是必然的。"TikTok 之所以能发展迅猛,很大程度上得益于张一鸣的"国际化战略"的眼光。虽然,由于一些特殊的原因使 TikTok 在美国的发展频繁受阻,但从近期的国际舆论来看,越来越多的国家和地区的用户开始在互联网上声援 TikTok,相信在不久的将来,TikTok 目前面临的问题可以迎刃而解,届时字节跳动上市将会愈加明朗。

**PART 2**

进军短视频：

抖音凭什么抖起来

随着 4G 网络和智能手机在我国的全面普及，社会进入泛信息化时代，碎片化阅读模式逐渐成为大多数人的阅读习惯。短视频的出现，恰好迎合了当下碎片化阅读的场景需求。2016 年，伴随 papi 酱的全网走红，短视频成为互联网新风口，张一鸣正是看清了这一趋势，力排众议领导着技术团队进军短视频领域，这才有了抖音这个项目的诞生。作为一款垂直音乐的短视频平台，抖音 APP 在为有才华有创作力的用户提供了创作空间的同时，也为日后字节跳动的"业务出海，推动国际化"埋下了伏笔。

# 第1章

# 抖音的"童年"

互联网产品的兴起发展速度令人难以想象，抖音APP的用户第一次大规模"井喷"是在2018年年初，此时距离抖音的上线仅隔了不到18个月的时间。相较于曾经短视频行业的"一哥"快手，抖音APP的"童年"则非常短暂。从抖音的成长轨迹来看，抖音官方团队在运营抖音的初期，工作方向着重放在了"静心沉淀，打磨产品""活跃营销，拓展用户""用户维护，内容运营"上面。这三个工作重点是抖音这款产品在初期吸引用户，建立口碑的重要利器。

PART 2　进军短视频：抖音凭什么抖起来

## 张一鸣为什么选择短视频领域

在产品周期以天和周来计算的互联网时代，所有企业都想赶上下一个风口。因为即便是迎上这一波红利的弄潮儿，也有可能会在下一秒被后浪淹没。或许，这也是为什么曾经推出亿元计划意欲复制微信生态的张一鸣，在 2016 年开始加码短视频业务，先扔 10 亿补贴给作者从事短视频创作。

2016 年 9 月 20 日，张一鸣在第二届头条号创作者大会的演讲中发表了他对互联网行业的观点。他认为，papi 酱的火爆不是偶然个案，背后其实是短视频这一个全新内容题材的崛起。站在张一鸣的角度来看，视频的生产、分发和互动这三个环节，都随着科技的变迁发生了巨大的变化。

首先是生产。视频制作门槛已降到很低，智能手机大都已支持 1080p 的高清视频录制，手机端的剪辑、特效 APP 也已经足够流行，一个人用一台手机已经可以生产出足够吸引人的内容。

然后是分发。互联网上内容激增后，出现两种主流的分发方式：社交分发和智能分发，但张一鸣更关注智能分发，这也是字节跳动自创立以来一直坚持的逻辑，由机器来匹配人与信息。张一鸣认为这种主动推荐能够给用户带来更好的体验。

最后是互动。短视频已渗透到了人们生活中的全部场景，除了八小时睡觉时间之外，一个人可以利用一切碎片时间观看视频，同时还可以与其他空间的观众在线进行互动。正是由于生产、分发和互动这三个环节都发生了巨变，短视频才能够迎来加速爆发期。所以，张一鸣才不惜投入大量资源，也要打造出一个专属于今日头条的短视频平台。

在2016年的时间节点上，张一鸣坚信短视频将是内容创业的下一个新风口，抖音APP也在这一年低调发布。但实际上，在抖音这款产品发布的一年前，张一鸣就领导着团队做了一些搭建短视频平台的工作，只不过这些工作落在张一鸣眼里还不够多，甚至可以用"稀少"来形容，因而张一鸣在抖音发布时做了一个令人瞠目结舌的决定，在未来的12个月内，今日头条拿出了至少10亿元人民币，用来分给头条号上的优质短视频创作者。

2016年9月26日，抖音正式上线，但最早的时候，这款产品的名字是"A.me"，但很快在2016年12月22日的版本迭代中，正式更名为"抖音短视频"。从营销的角度来看，抖音更名无疑是成功的，相较于"A.me"，"抖音"更便于用户记忆。在当时的市场，小咖秀、快手和美拍是移动端短视频领域的明星产品，或许就连张一鸣本人在抖音刚上线的那段时间都未曾想到，在接下来的一年多时间里，小咖秀和美拍日渐陨落，抖音逆势增长，竟与快手互成掎角之势，成了短视频领域的两大独角兽。

2018年年初，在经历了半年近12倍的用户增长之后，抖音凭借前期良好的产品体验及品牌曝光事件，终于实现了自增长。在过亿用户的支持中，抖音在国内短视频领域正式站稳了脚跟。

抖音短视频也成功地在2018年Q1季度实现了下载量全球第一，在总

# PART 2　进军短视频：抖音凭什么抖起来

榜（免费）及摄影与录像（免费）分类排行中均排名第一。

仅依靠国内市场的爆发式增长就能做到全球下载量第一？这显然是不太现实的。这个结果的最终达成归功于抖音较早的国际化布局战略：在2017年8月抖音以TikTok的名称低调出海，并且在日本、泰国及韩国等国均取得不俗成绩，其下载排名甚至超越了Facebook及YouTube（油管）等知名产品。

在抖音出海之前，国内互联网产品国际化计划的最终结果总是不尽如人意，而TikTok无疑是所有产品中最成功的，毫不夸张地说，就连国内用户超过10亿的微信在海外的受欢迎程度都不及TikTok。TikTok的试水成功给到抖音团队极大的信心和鼓励，但一切才刚刚开始，在过往鲜有成功、可借鉴的经验，未来抖音的国际化将做到怎样的高度，令人非常期待。

## 瞄准碎片化时代的间隙：15秒短视频

2013年，腾讯旗下一款非常有名的产品"微视"横空出世，同年圣诞节，一个名为"Pony"的账号通过微视上传了一条时长为8秒的短视频，仅不到一天时间，浏览量便突破70万。这个账号的主人身份非常不一般，他就是腾讯的缔造者——马化腾。

微视试图打破此前的微电影格局，将短视频的格局定格在8秒，但从后来微视的发展中我们可以得知，微视的这个"8秒钟计划"开展得似乎并不顺利。因为同一时期的竞争对手，如快手、陌陌、Ins等多家短视频平台

# 第 1 章 抖音的"童年"

都将短视频时长设置到了 15 秒，包括日后出现的抖音也同样如此。这些平台都将时长设定在 15 秒，而非微视一开始所坚持的 8 秒。与 8 秒的时长相比，15 秒显然能给创作者拍摄优秀视频带来更大的发挥空间，让作品更加吸引用户的兴趣。

15 秒一个短视频作品，在今天看来已经成了各大短视频平台约定俗成的一个规矩，但凡再有想要"越界"的新平台，在想变换规则的时候首先得问问用户答不答应。然而在几年前短视频平台百家争鸣之时，各大平台却都想要让用户接纳自己平台的时长规则。这不难理解。事实上，在很多新兴行业中，谁能定义行业规则，谁就能获得更好的发展。一旦平台掌握了某个标准，也就意味着，它在这个全新的行业拥有了一个机会。

在抖音发布之前，快手平台根据大数据分析，认定 57 秒是短视频行业的"工业标准"；而另一边，微博和陌陌则主推 15 秒的短视频标准。早期，微博将创微博故事定义为 15 秒，并具备了贴图、文字、滤镜等功能，但不支持转发、下载或分享到站外。而陌陌则仿造 YouTube 大火的电影《浮生一日》，想要收集用户任意一段 15 秒的视频，剪辑出来放在北上广深黄金地段的户外广告大屏和地铁 LED 屏，拼出这个时代的青年群像。

在微视、微博、快手、陌陌纷纷推广自己平台短视频时长理念的同时，今日头条也不甘落后，给出了它所认为的"版本答案"。不过与前面所提到的不超过一分钟的"短视频"相比，今日头条高级副总裁赵添则认为，低于 1 分钟的短视频应该被称作"小视频"，并给出了今日头条的短视频标准——4 分钟。今日头条的这个时长是根据中国首个新媒体短视频奖项"金秒奖"的获奖作品来决定的。在金秒奖第一季度，全部参赛作品平均时长 247 秒，获得百万以上播放量的视频平均时长为 238.4 秒，约为 4 分钟。

当时，张一鸣在公司年会上表示：当前市面上的每款产品的生态环境

## PART 2　进军短视频：抖音凭什么抖起来

不一样，用户拍视频的目的和氛围也不一样，想要判断谁的标准是真理，究竟谁才是行业的定义者，还是让时间来鉴定。"让时间说真话"，听起来多少带有一丝浪漫主义的文艺气息，这也正符合了张一鸣的创业理念——将字节跳动建设成为一家务实浪漫的公司。

而之后短视频行业的迅速发展使包括今日头条、快手在内的多家平台都大跌眼镜，即不是微视一开始坚持的 8 秒，也不是快手的 57 秒，更不是今日头条的 4 分钟，而是被后来横空出世的抖音以"音乐 + 表演"的形式定格在 15 秒。抖音的大放异彩让其他短视频平台迅速转变运营策略，纷纷将视频的时长确定为 15 秒。

短视频平台时长风向的改变，最主要的原因是由于过长的视频对普通创作者的制作耐心和技术都有一定的要求；同时，过长的视频对观看者的耐心也有一定的考验，如果内容缺乏实用性或趣味性，能坚持看完 1 分钟视频的用户势必比观看 15 秒短视频的用户少。而且，在如今这个碎片化的时代里，15 秒时间给人的概念通常是"什么也做不了"，就是因为这样，用户在打开短视频 APP 观看这些短视频的时候才会毫无负担。因为，一个视频才 15 秒，看 4 个视频也才 1 分钟，不耽误事，平时排队等餐或是乘坐公共交通工具的间隙也可以浏览几个短视频放松一下。这种"见缝插针"的消磨时间的方式，比起动不动就要一两个小时的电影来说，无疑是更受用户欢迎的。然而在观看短视频的过程中，绝大多数用户似乎忽略了一点，电影无论多长，都是有一个结束机制的，看完就结束了，而短视频却是无限推送的，除去手机没电或者断网的情况，是根本不存在结束机制的，15 秒一个的短视频，用户总是不知不觉就能观看一个小时，甚至更久。

火爆的短视频让很多互联网用户沉迷其中，短视频之所以让人欲罢不能，大多因其内容新奇、节奏轻快、轻松幽默，抓住了用户的兴奋点。今

# 第1章 抖音的"童年"

日头条团队正是看到了这一点,所以在抖音运营初期,将作品时长压缩到了 15 秒,并在抖音 APP 爆火之后,及时推出了火山小视频和西瓜视频,企图全面抢占短视频市场。

## 抖音的"兄弟"一:火山小视频

2017 年,抖音的爆发式增长直接带火了今日头条旗下的其他短视频产品,这其中就包括火山小视频。火山小视频是一款 15 秒原创生活小视频社区产品,由今日头条孵化,通过小视频帮助用户迅速获取内容,展示自我,获得粉丝,发现同好。

作为对标快手的产品,今日头条的团队在火山小视频上线之初,就花重金吸引了一大批快手平台的头部 KOL 来火山小视频"撑门面"。与快手一样,火山小视频也主打原创生活段视频社区,其内容大部分与吃播、段子、生活技巧有关,非常接地气。不过与快手不同的是,火山小视频的用户群体侧重于中年男性(如图 2 所示),很多爆款视频的内容也更加偏向于吸引中年男性的话题,比如女性、家庭、搞笑,这也比较符合用户群体的特点。

火山小视频于 2017 年上线,上线第一个月便登顶腾讯应用宝的"星 APP"榜单,下载量远超排名第二的应用。截至 2017 年年底,火山小视频的月活跃用户已经超越了头条系的另一款产品西瓜视频,排到了短视频 APP 的第三名,第二名则是自己的"大哥"抖音。抖音、火山小视频、西瓜视频,头条系运营的这三款产品呈三足鼎立之势,缓缓地向榜首的快手

## PART 2　进军短视频：抖音凭什么抖起来

靠拢。如果用当下的一句网络流行语来形容快手官方团队彼时的心情，那就是"我当时害怕极了"。然而，害怕解决不了任何问题，快手只能眼睁睁地看着头条系重拳出击的"三叉戟"疯狂掠夺市场，狂揽用户。

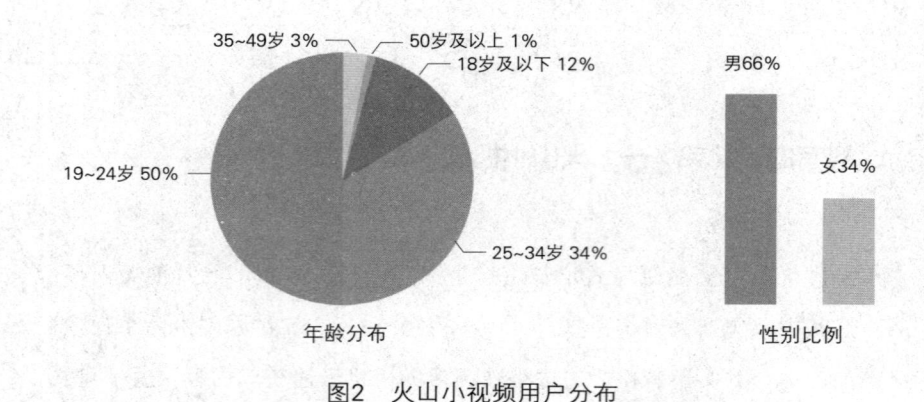

35~49岁 3%　　50岁及以上 1%
18岁及以下 12%
19~24岁 50%
25~34岁 34%
年龄分布

男66%　女34%
性别比例

图2　火山小视频用户分布

2018年4月，抖音的MAU数据首次超越快手，成为行业领头羊，并在此后的很长一段时间里以微弱优势保持领先。不得不说，抖音之所以能够实现弯道超车固然与团队运营有着密不可分的联系，但同时也与快手自身暴露的运营问题有一定的关系。

2018年4月初，因快手、火山小视频等短视频平台上存在大量未成年人恋爱、怀孕、生子等乱象，央视新闻重点进行了报道，并且直接点名批判快手、火山小视频侵害未成年人权益。随着央视的曝光，快手、火山小视频等平台一时间引起全民的愤怒。4月3日凌晨，火山小视频通过官方微博发文回应，称"责任无可推卸，审核从严不懈。感谢央视的监督，火山小视频深感责任重大，将立即对平台的内容、审核规则、产品机制进行全面检查"。

第 1 章 抖音的"童年"

同日，快手 CEO 宿华也通过快手官方微信公众号发布道歉文章《接受批评，重整前行》，并在文章中向用户道歉。宿华在回应文章中称："平台上出现了不该有的内容，对社会造成了非常不好的影响。坚决抵制和删除违法违规及色情低俗视频，建立专门的青少年保护体系，打造一个风清气朗、健康向上的负责任的互联网社区。"

次日，国家广播电视总局约谈快手、今日头条负责人，要求其依据《互联网视听节目服务管理规定》采取整改措施。就在约谈会结束的当天，快手、今日头条立马发布了整改声明，并出台了整改措施：暂停新注册用户上传视频，全面排查现有账户。对上传违法违规有害内容的，采取封禁上传功能、永久封号等处理措施，从严处置，绝不姑息。

从 2018 年 4 月 5 日凌晨开始，被央视点名的快手和火山小视频均在安卓手机各大应用商店内暂时下架，进行内部整改。经此一事，今日头条成了最大赢家。对于今日头条而言，虽然暂时缺少了火山小视频，但己方还有抖音和西瓜视频；反观北京快手科技有限公司，当时旗下除了快手 APP，再无任何短视频产品。

就这样，在火山小视频内部整顿时，今日头条通过推广和导流，将很大一批用户引流进入抖音和西瓜视频里，也正是由于快手的这次整顿，使抖音的 MAU 实现了第一次超越。由此，抖音在短视频这条赛道上一马当先，并逐渐拉开了与快手的距离。根据《互联网视听节目服务管理规定》，被国家新闻出版广电总局作出警告和行政处罚的火山小视频也在十几个月后和抖音正式宣布品牌整合升级，火山小视频更名为抖音火山版，并启用全新图标，破茧重生。

PART 2　进军短视频：抖音凭什么抖起来

## 抖音的"兄弟"二：西瓜视频

　　西瓜视频的前身是头条视频，正式上线的时间是在 2016 年 5 月，比抖音的发布早了整整 4 个月。一年后，"头条视频"宣布全新升级为"西瓜视频"，并推出了新品牌的广告语："给你新鲜好看。"西瓜视频的品牌升级背后，是张一鸣希望它能够在短视频领域拥有更清晰的品牌辨识度。关于新品牌的命名，张一鸣在产品讨论会上表示，西瓜是生活中人们喜欢的水果，新鲜爽口，在感官上有明确指向；西瓜的形象新鲜而丰富，与产品特征相呼应，每一次打开和刷新 APP 都能够收获新鲜好看、符合自己口味的视频内容。更名后的西瓜视频主要从扶持原创作者计划、全新升级原创作者平台等方面发力短视频业务。

　　2017 年年底，升级后的西瓜视频 DAU 已经突破 1500 万，总用户过亿。但随着越来越多的用户开始制作 UGC、PGC 的短视频内容，张一鸣却也发现，西瓜视频 APP 的内容同质化现象越来越严重，长此以往无疑会引发用户的审美疲劳。种种焦虑下，张一鸣开始与西瓜视频管理团队讨论转型方向，希望通过入局自制综艺改变当时短视频内容的发展僵局。

　　西瓜视频市场与娱乐中心总监谢东升在后来的采访中，提到了西瓜视频平台要做自制综艺的两个主要原因，一方面是流量红利的下行，另一方面是竞争壁垒的上行。用通俗的话来说，就是出于对市场和行业两个角度的考量。

从市场角度来看，移动互联网流量红利将逐渐消失，加之现在移动视频同质化现象已初现，像综艺这样在移动视频领域还属于新的品类，确实能延迟用户审美疲劳期的到来。

从行业角度考虑，在用户的移动视频消费习惯已经形成的当下，虽然UGC、PGC的内容填充了短视频平台大量内容的需求，不过其内容品质是有天花板的，用户对内容的要求也提高了，这些都意味着内容升级的时刻到来了。

西瓜视频经过对市场和行业的观察，认为移动视频的下半场优质内容会是真正的分水岭，由此他们决定通过能够自制综艺，来开启下半场进程。

对于所谓的自制综艺，谢东升认为其实就是一档纯粹的移动互联网综艺，或者叫移动原生综艺——这类综艺符合西瓜视频基因的内容形态，而且它们特点明显：低门槛、全民参与、创造流行。

为了打造移动原生综艺，谢东升在公司内部会议上还公布了一套基于西瓜视频自身而制定的方法论：用产品思维做综艺，同时提出了综艺产品的公式：产品＝功能需求＋用户体验。

所谓的产品思维，用今天的眼光看来其实就是洞察多方："了解用户的需求、市场的动向、平台的优劣势、行业的反馈。"西瓜视频从这些方向出发，总结出来合格的移动原生综艺产品就是做到功能需求与用户体验的双重满意，释放"动"的势能，通过拿出能让用户心动、能让内容流动、能与多方互动的内容，完成移动原生互动综艺的创造。

让用户心动其实是在考核内容的可看度，好看的视频能够激发用户最初的观看欲望。西瓜视频在综艺项目立项前，都会通过数据平台和用户调研来寻找新一代节目的趋势方向，也会通过数据判断哪些制作公司和团队

## PART 2　进军短视频：抖音凭什么抖起来

适合做什么题材的综艺，从而来保证内容的品质。

内容的流动则是指让用户在各个移动消费场景下都能感知到，这也是在考验节目是否具有传播力和品牌性。有话题度、传播价值的内容，才能打通各个移动消费场景，而这个流动的过程其实就是品牌性或者说 IP 形成的初期积累。从此前的市场经验来看，内容有品质、有传播力、有品牌性的综艺，比如《中国有嘻哈》《创造 101》等都是爆款，那么西瓜视频再加上了强互动这个移动时代专属特性，确实能够打造出属于当下的优质移动原生综艺。

此外，西瓜视频在与当下火热的综艺节目合作上也表现得非常活跃。例如，2020 年的夏天，西瓜视频就与《中国好声音》达成了深度合作。在与《中国好声音》接触的过程中，西瓜视频的运营团队是进行过深入调查的。一方面，前八季的《中国好声音》在西瓜视频的消费数据非常好；另一方面，与《中国好声音》建立合作之后，西瓜视频能够搭建起一个多人团队，并覆盖到站内各个部门，以及抖音、今日头条等生态内的运营伙伴。

在第九季《中国好声音》节目开播的当天，与之合作的西瓜视频也同时上线了《中国好声音》的专属定制宣传片。其中，"诉爷""阿木爷爷""奇异小北"等六位西瓜视频创作者，各自通过烹饪过程中开水煮沸的声音、钢琴旋律流动的声音、锯齿切割木头的声音等，表达他们对"好声音"的不同理解，并以此正式开启"好声音不止于音乐"的征集活动。这让新一季的《中国好声音》显现出与以往最大的不同，即 PUGC 创作者与综艺节目之间有了更深度的结合。

此外，这一季《中国好声音》的不少优秀学员，如程墨寒、宋宇宁、龙女、潘虹等也都沉淀成了西瓜视频的创作人。可以说，这是到目前为止，短视频平台与综艺节目最成功的合作尝试。

第 1 章 抖音的"童年"

我们知道，长久以来，综艺选秀节目通往总决赛的"晋级名额"总是少数几个人，但节目的每一位参与者，都在这个过程中得到了一定的曝光和粉丝积累。而这种积累现在通过西瓜视频创作人的身份沉淀到平台，不仅能够为参赛选手与粉丝之间的交流提供了一个场所，同时也为平台提升了用户留存，选手与平台之间最终构建起一个更完善的垂类生态。

当然，西瓜视频的内容升级也不会止于自制或加盟综艺节目，西瓜视频的运营团队仍然在加码对短视频内容的扶持，而同样符合移动时代的直播也将是西瓜视频的探索方向。整体来说，西瓜视频是在从视频内容的角度，服务当下大众的移动娱乐需求，同时也是在调动用户的力量为当代的数字营销提供更多的可能性。

市场的变化往往是悄无声息的，谁能率先洞察未来的走向，并做出调整，才可能在下一程走得更好。西瓜视频已经通过入局自制综艺率先迈出一步，未来，它又会交出怎样的答卷呢？

# 第2章

# 抖音是如何火起来的

互联网产品的兴起就像野火燎原,发展速度之快令人难以想象,上线还不到一年时间,抖音就火爆中国互联网。"哈哈哈哈哈哈哈,追不上我吧""在什么江湖悠悠,饮一壶浊酒""我曾经跨过山河大海""爱就像蓝天白云"……这些抖音里流行的歌曲迅速深入人心。然而在抖音火爆的背后,又有哪些方面值得我们深思呢?在本章中,我们将重点讨论抖音持续爆红的主要原因。

PART 2　进军短视频：抖音凭什么抖起来

## 充分利用明星效应

在短视频行业飞速发展的过程中，抖音可谓是一匹黑马，从众多选手中冲出重围。从 2016 年 9 月上线，2017 年 8 月海外版"TikTok"上线，到 2017 年 11 月今日头条收购 Musical.ly，再到如今 APP store 中免费应用总榜排行前十，摄像录影类排行前五，抖音经历了从打磨产品到积累用户以致最后厚积薄发的全过程。

抖音在最初上线的半年时间，其 APP 研发团队重心是打磨产品，不断优化产品性能和体验，并初步寻求市场。例如增加各种后期特效、滤镜、贴纸和有趣的拍摄手法，不断提升音质和画质，使视频加载和播放更流畅，视频拍摄更简单、更有趣味。这段时间算是抖音的探索期，基本是靠产品的自生长和用户口碑传播，虽然用户数量不多，但也总归累积了一定的人气。

与此同时，抖音在冷启动阶段耗费了大量资金联络直播平台家族公会，从美拍批量导入 KOL 和承接头条的明星资源，这批短视频玩家为抖音创作了一大批优质内容，带来自己的粉丝流量，并吸引了更多志趣相投的用户

## 第 2 章 抖音是如何火起来的

进来。

不过,抖音真正意义上的爆火事件发生在 2017 年 3 月 13 日,曾获得过东方卫视第二季《欢乐喜剧人》总决赛冠军的相声演员岳云鹏在微博转发了一条模仿自己的视频,在这个视频下方"抖音"的标志闪闪发光,引发了岳云鹏微博粉丝以及微博用户的热烈讨论和关注,抖音这才第一次大范围地进入互联网用户的视野中,从而有了第一次的用户快速增长期。

在这之后,开始有越来越多的明星加入玩转抖音的队伍。歌手胡彦斌更是用自己的新歌《没有选择》在抖音发起了音乐视频的挑战活动,为自己打歌的同时,也帮助抖音吸引了流量,贡献了话题。随后,鹿晗的新歌《零界点》也强势登陆抖音,引起了众多粉丝追随。其他明星还有钟丽缇和张伦硕夫妇、吴克群、赵丽颖、大张伟、周笔畅、辰亦儒等。这些明星的加入为抖音带来了巨大的流量,不仅增加了产品曝光,还炒热了产品。可以说,明星的背书放大了产品价值,增加了影响力,引来了更多用户的关注和跟从。

拥有今日头条在战略上的"保驾护航",抖音的影响力越来越大。随着陈赫、迪丽热巴、邓紫棋、杨紫、许君聪等人们耳熟能详的名人入驻,为抖音带来巨大流量,同时也令抖音在短视频领域的竞争中脱颖而出,其用户量在接连不断的热点事件中持续攀升,其下载量最终超过快手,位居 APP store 摄影类 APP 榜首,成为短视行业最耀眼的一颗明星。

抖音能够从默默无闻到冲出行业众多竞争对手的围堵,与其运营团队前期用踏实的态度打磨产品具有很大关系,在产品未成熟之前不盲目拉新,这点尤为难能可贵。同时也和鹿晗、李易峰、邓紫棋等重量级流量明星在抖音平台宣传自己的新歌与新电影有关。这一系列的举措让抖音吸引了更多人的目光,用户量持续增长。

PART 2　进军短视频：抖音凭什么抖起来

## 赞助《中国有嘻哈》

2017年，一档音乐说唱类节目《中国有嘻哈》火遍全网，GAI（周延）、VAVA（毛衍七）、艾福杰尼（陈嘉申）等人气选手的名字被歌迷纷纷刷屏。

《中国有嘻哈》到底有多火？在第一季节目结束的时候，《中国有嘻哈》在爱奇艺视频的累计播放量达到了26.8亿，同时，自6月末节目首播以来，《中国有嘻哈》在微博话题网综榜基本上稳定在前三名，微博主话题阅读量第一季超过了70亿，讨论量是2671万，子话题破了25亿。

伴随着《中国有嘻哈》第一季节目的结束，"究竟谁才是大赢家？"成为各大论坛的热议话题，是节目制作方爱奇艺，rapper（说唱歌手），还是抖音、农夫山泉、小米等赞助商？从整个事件的过程以及结果看，绝对是多方共赢的局面。

作为打造《中国有嘻哈》这档音乐节目的视频平台，爱奇艺投入的总成本超过了2.5亿元人民币。但仅通过拉赞助的方式就从抖音、农夫山泉、小米、麦当劳等赞助商手上收获了近4亿元的赞助费，这还不包括节目在爆火之后《中国有嘻哈》给爱奇艺带来的品牌宣传与其他后续活动的收益；站在rapper的角度上看，不少从前声名不显的歌手通过这档节目站上了更大的舞台，同时也收获了更多的曝光，这些歌手的身价也跟着水涨船高；而作为节目赞助商，他们以超低价格赞助的新档节目成为那年夏天观看量、

## 第 2 章　抖音是如何火起来的

话题量最高的综艺节目，这恐怕也是一些赞助商事先没有想到的。

各大赞助商以真金白银投入节目制作，他们必然是逐利的。在广告投放中，品牌商也更倾向于被市场验证过的节目，以保证节目收益的稳妥性，降低风险。不过，凡事总有例外，《中国有嘻哈》就是一个鲜明的例子。

有人曾将赞助比喻成一场"赌石"。赌石获利背后靠的是七分眼力、三分运气，专业知识、技术仍是根本。而 2017 年，抖音、农夫山泉、小米等赞助商出资赞助《中国有嘻哈》就是这样一次成功的"赌石"。

抖音是《中国有嘻哈》这档节目进行到第七期开始以赞助商的身份进入，享有开头"本节目由抖音赞助播出"的口播和标示版权。据节目导演组成员透露，抖音在《中国有嘻哈》的投放价格是 2500 万元。虽然外界看起来，这是抖音一场投机性质的押宝，但其实抖音团队有一套自己的审核标准，此次赞助也是在看过了前几期的录制节目，经过谨慎的风险评估考虑后才确定合作。其主要基于三大层面的考虑：

首先，受众人群的匹配。当时，火山小视频正处于整改期，字节跳动必须为旗下的抖音和西瓜视频做包装升级和推广，个性化的 UI 设计、炫目的 LOGO 设置，抖音和西瓜视频的品牌正快速地为了贴合年轻消费者而做出不同程度的升级改变。这刚好与节目所迎合的新一代特立独行的年轻族群相契合。

其次，文化风格相契合。作为一款主打泛娱乐类的短视频 APP 产品，抖音希望能够带给用户充满活力的观看体验与生活态度，而这一点与节目希望赋予嘻哈音乐更多正能量的价值引导也极为契合，这也使得双方合作后，品牌能够自然打出"让崇拜从这里开始"的品牌主张，展现品牌活力。

最后，对明星阵容和制作团队的信任。节目邀请到在年轻人群中颇具影响力的潘玮柏、MC 热狗和张震岳作为嘉宾制作人，同时搭配富有经验的

# PART 2　进军短视频：抖音凭什么抖起来

制作团队，这让其对节目质量有了一定的信任。再加上嘻哈音乐发展多年，大量有实力的选手和优秀的作品魅力亟待主流市场认可，也增加了节目成为"爆款"的概率。

事实证明，爱奇艺赢了，rapper赢了，包括抖音在内的众多赞助商也赢了。《中国有嘻哈》不仅火了，甚至还远远超出很多人的预期。这档音乐节目的爆火让更多人知道抖音APP，与此同时，热门选手在抖音APP上的互动也为抖音APP带来了更多喜欢酷炫的受众群体，同时也为抖音APP后来的爆发奠定了基础。

## 重奖短视频作者

在2015年的时候，头条号有3.5万个活跃的自媒体账号，平台单月分成300万元，张一鸣曾意气风发地说："我们要给内容创作者更好的回报，让1000个头条号每月至少获得10000元钱。"那么，张一鸣是否做到了呢？答案是肯定的。一年后，头条号的月活自媒体账号已经暴涨到了30万个，题材上包含文字、图片和视频等，类型上包括新闻媒体、个人、政务、公司和社会组织。平台单月分成已经达到3000万元，而且这个数字并不包含媒体版权合作。

2016年9月，今日头条宣布一次性拿出10亿元补贴短视频创作，并给予每一条优质短视频内容至少10万次加权推荐。对比当时其他的自媒体平台，头条号绝对是对内容创作者投入最多的平台，没有之一。显然，这一

## 第 2 章　抖音是如何火起来的

连串的举动表明，今日头条在不断加码短视频领域，并且宣告短视频"补贴"大战时代的到来。为了鼓励优质、原创小视频内容创作，字节跳动一直坚持实打实地拿出真金白银用于补贴创作者。火山小视频具体的补贴包括两个方面：一是火力现金补贴，即平台根据系统算法通过对小视频的观看行为和互动数据进行计算，综合得出火力值，每 10 火力约对应 1 元红包奖励，用户可以随时提现；二是平台还将针对内容特别优质的达人，推出特定养成计划，进行长期流量扶持，并按照内容贡献程度定期赠送 100~10000 火力值。

面对字节跳动的金钱攻势，时任快手科技首席内容官的曾光明在接受媒体采访时反击道："快手不会像其他平台一样通过烧钱的方式对用户进行补贴。快手有能力将有潜质的人打造成功。"然而事实却是，不久之后曾光明出走快手，离职原因令不少人费解。而在曾光明离开快手后，快手在拉新和招商等方面也推出了一系列的现金激励政策。

而另一边，继火山小视频重金补贴创作者后，抖音也面向短视频作者、原创音乐人开启了一系列的现金补贴活动，这些活动中最出名的当属 2020 年下半年推出的"早鸟计划"。只要是入驻抖音的原创音乐人发布自己的 BGM 或歌曲以后，抖音会对他的作品进行现金补贴，而补贴的具体金额需要看他的作品在抖音中的数据表现。假如他的 BGM 播放量达到一千万，那么可能会得到抖音数万元的补贴。

我们知道，短视频发展到现在，已经和好听、好玩的音乐紧密地联系在了一起，很多点赞量超百万的短视频作品，都离不开好的配乐进行点缀。越来越多的原创歌曲通过短视频平台的传播迅速走红，如我们熟知的《芒种》《答案》《少年》。不难看出，未来短视频或将推动中国音乐行业转型升级。而在众多短视频平台中，抖音成立之初旨在打造音乐短视频社区，如今更是拥有了强大的流行音乐"造血"能力。

抖音平台启动的"早鸟计划",就是希望在"收入"和"流量"两个层面对原创音乐人进行扶持,提升原创音乐人创造音乐的积极性,让更多优秀的中国原创音乐和音乐人被看见。

据了解,在"早鸟计划"推行之初,参加该计划的音乐人中就有超过80%的人获得了收入。同时,参加"早鸟计划",成为签约音乐人,还可以获得由抖音提供的额外专业指导、行业合作、流量曝光、线下演出、直播电商等机会,从多维度打造抖音音乐人的品牌影响力,帮助音乐人的收入多元化,彻底打破以往"歌红却饿死作者"的尴尬局面。

## 快速推进商业化

作为目前短视频用户数量最多的应用,抖音在新增日活、商业化开发的规划上非常成熟。与当前行业里其他 APP 缓慢进行的商业变现不同,几乎在抖音诞生之初,抖音的运营团队就一直有条不紊地在商业化上进行着精密布局。

2017 年,抖音在进行了近一年的冷启动后,终于一改往日的低调,开始邀请国内各大 MCN(Multi-Channel Network)机构入驻抖音,短短几个月的时间里,就与大鹅文化、洋葱等国内头部 MCN 机构达成合作。这些 MCN 机构的入驻会给抖音产生优质的视频内容,而抖音则为他们提供流量、资源曝光等扶持政策。随着抖音用户数量的逐渐增长,MCN 机构对内容制作

## 第 2 章 抖音是如何火起来的

水平的提升，抖音红人的内容生态也在不断完善。

2017年下半年到2018年间，在抖音成名的网红不计其数，可以说在当时，即便是一名没有任何名气的素人，在经过 MCN 机构的打造、抖音的流量扶持之下，也能够在抖音上快速收割百万，甚至千万的粉丝。例如坐拥 2000 多万粉丝的网红"代古拉 K"，她的粉丝数量由零增长到一千万，仅用了一个月的时间；"懂车侦探"也在一个月的时间里涨粉一千万，我们目前在抖音上经常刷到的网红账号大多出自 MCN 之手。虽然抖音一直强调着"普惠"，但在造星上面，抖音却并没有避讳 MCN 的重要性。

如今，MCN 机构已经占据了抖音的半壁江山，凭借运营和制作能力，他们更容易制作出具有传播量的爆款视频，也为平台用户的拉新和留存贡献了力量。引入 MCN 机构，可以说是平台与机构都愿意看到的双赢结果，众多 MCN 机构打响了名气，也赚到了钱，自然而然地也使得抖音的商业化发展得极为迅速。

从 2017 年下半年，抖音全面开启商业化开始，它的进程就一直激进且迅猛。通过上线电商功能、筹划官方广告接单平台，抖音运营团队想尽办法帮助平台上的机构和红人实现商业变现。

2018 年 7 月，抖音官方推出品牌广告智能对接平台"星图"，为客户与网红达人、流量明星达成视频广告交易服务并从中收取费用。在星图平台的分成规则中，达人和 MCN 占比最高，共 85%，提供广告对接服务的服务商抽取 10%，星图平台抽取 5%。

除此之外，抖音还推出了线上快闪店、电商小程序、Dou+ 推广等功能。前者瞄准的是线上推广，Dou+ 则瞄准的是线下商家的在线推广，店铺可设置公里范围、店铺优惠、用户年龄等条件，进行付费推广获客。

随着商业化步伐的不断加快，抖音也逐渐开始对企业"蓝 V 用户"开

PART 2　进军短视频：抖音凭什么抖起来

放多项商业化营销功能，以吸引品牌加入。2019年1月，星图开始着重推行代理商机制，拓展品牌广告客户，并对KOL放低门槛。依靠一系列的商业化举措，抖音的收入开始急剧增加。

近几年，字节跳动的营收一直呈现出倍数级增长的趋势，每年都保持了超过200%的增长速率（如图3所示）。而在2019年，字节跳动的业绩由于上半年完成得超出了预期，张一鸣还曾中途上调了全年的营收目标。究其原因，抖音作为字节跳动新的收入引擎居功至伟。据全球财经发布的数据表明，字节跳动2019年全年的营收超过1400亿元，这当中抖音的收入则达到了500亿元。

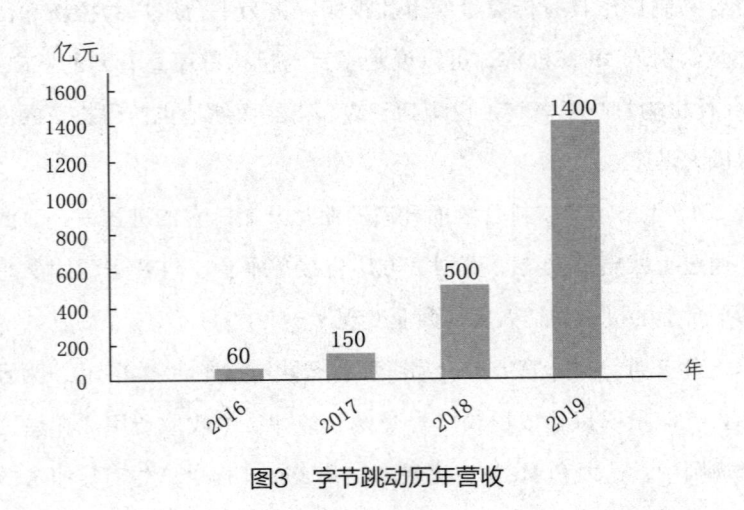

图3　字节跳动历年营收

从这个角度来看，抖音肩负着为头条拉升活跃度、分担变现压力的任务，也使其在商业化进程上不得不激进。可以说，抖音快速崛起的背后，并不是偶然，而是一套成熟运作机制的产物。

# 第 2 章 抖音是如何火起来的

## 与快手的短兵相接

众所周知，在短视频行业，抖音和快手一直以来都是彼此的劲敌。但双方之间似乎一直秉持着"王不见王"的默契，在并驾齐驱的很长一段时间里，抖音与快手都一直隐忍不动，竭力克制着攻击对方的欲望。

快手曾经增长最快的时期，是在 2015 年 6 月到 2016 年 2 月，仅仅 8 个月的时间，快手用户就实现了 1 亿到 3 亿的跨越。在快手这个庞然大物面前，诞生初期的抖音"瑟瑟发抖"，全然无法与之抗衡。但冷启动之后的抖音却通过强运营和信息分发机制迅速缩小了与快手的差距。经历了 2018 年春节期间的爆发式增长，抖音在短时间内就形成了"北快手、南抖音"的格局。而在短暂的平起平坐之后，抖音终于实现了超越。2018 年之后，两家平台的竞争逐渐升级，双方开始了全平台的用户争夺。很快，格局开始被重写。

根据 36 氪发布的《2019 年 5 月互联网行业经营数据》显示，从 2019 年 3 月开始，快手、抖音的活跃用户规模重新拉大，截至 2019 年 5 月末，抖音 MAU 比快手多 1.16 亿，DAU 比快手多 3400 万。次月初，快手创始人兼 CEO 宿华发布了内部信，宣布了年底冲 3 亿 DAU 的目标，这也是宿华第一次被爆出制定 KPI（关键绩效指标）。

从商业化角度来讲，虽然快手起步较慢，两者却各具优势——抖音商业化主要依赖信息流广告，快手则主要靠直播买货。

## PART 2　进军短视频：抖音凭什么抖起来

　　从内容生态上讲，两者并不相同，但正在更加接近彼此。快手高级副总裁马宏斌曾在公开场合披露过数据：快手前100名的大V有70个是抖音用户，抖音前100名的大V有50个是快手用户。根据火星文化的卡思数据显示，从2018年9月到2019年4月，两个平台上的KOL重合率高了六倍，在6个月的时间内，有更多的KOL同时在两个平台上入驻。两者在彼此的阵地上亦攻亦守，令这场对决更加胜负难分。

　　想要在与抖音的激烈对抗中扳下一城，快手将目光投向了央视春晚，春晚在华北、东北等地域关注度非常高，而两大地域又是快手主要用户的所在地，可以说，春晚观众与快手用户存在高度重合，和春晚的合作有助于提升快手的用户黏性，保卫下沉市场的阵地。

　　2019年年底，快手正式宣布成为央视春晚独家互动合作伙伴。有媒体报道称，快手为此次合作支付了30亿元左右的相关费用，虽然快手官方一直对冠名费用的问题从未做出正面回复，但从春晚播出当天快手通过央视向全国人民发放10亿元现金红包就能够看出，媒体口中的30亿元似乎不假。毫无疑问，快手的大手笔，创造了春晚史上投入规模最大现金红包。对于快手来说，这是一场至关重要的战役，春晚活动的意义在于，这是一个超过10亿观众的超级流量池，可以迅速帮助产品完成下沉、导流。例如2019年，拿下春晚红包赞助的百度，春晚当天付出9亿元红包，拉新效果明显，据公开数据显示，百度APP在2019年春晚当天日活突破3亿，比平时翻倍，Apple Store免费榜前六名中，有5个都是百度产品。

　　面对快手的"大招"，抖音开始迅速做出反应。2020年开年，抖音的新策略接连不断。1月8日，火山小视频和抖音宣布品牌整合升级，自此，火山小视频更名抖音火山版，并启用全新图标。火山小视频曾是字节跳动对抗快手的主力，用户和内容都具有相似性。但随着不断发展，火山并未能

## 第 2 章 抖音是如何火起来的

牵制快手，反而是抖音后来者居上。而随着火山纳入抖音体系，头条系开始收缩战线，将资源集中到抖音。

除资源整合之外，抖音也在触碰快手的核心领域——直播。为了追上快手直播的发展，字节跳动在 2019 年第一季度集中资源，将火山小视频、抖音、西瓜视频三个产品的直播技术和运营团队抽出、合并，组成一个新的"直播业务中台"，支撑字节跳动旗下的所有直播业务。而在这三驾马车当中，火山小视频的直播业务较为成熟，此次整合，也有助于将火山的直播模式复制到抖音，对于两个平台以及平台上的主播而言，都是一场机遇。

打入竞争对手核心地带的同时，抖音也在巩固自身城池：2019 年年末，抖音与腾讯音乐达成音乐转授权合作，开始官方的联动，双方的合作主要围绕推广优质歌曲、扶持音乐人等方面展开，腾讯提供内容、抖音供给流量资源。除此之外，腾讯音乐的版权歌曲也会转授权给抖音。

这是腾讯和字节跳动多年对簿公堂以来极为难得的一次合作。要知道，近几年腾讯曾与字节跳动掀起过一场"头腾大战"，互相限制流量入口。腾讯感受到抖音的强大攻势后，不仅重启微视，还推出腾讯云小视频、下饭视频等 13 个短视频产品。两者的相爱相杀也颇具意味。

在电商和内容的平衡上，抖音也逐渐变得谨慎起来。快手的商业化进程虽然缓慢，可在很大程度上保证了用户体验，而反观抖音的快速商业化布局则令头条系产品广告越来越多，曾一度引起部分用户的反感，对用户体验造成了严重的损害。抖音最早于 2018 年 1 月开始测试购物车功能，之后接连上线商品橱窗、蓝 V 企业号、POI（信息点，这里指代商铺）权益、抖音小店，推出商品搜索功能并不断降低购物车和商品橱窗建立门槛。快速布局电商在某种意义上也造成了内容生态的野蛮生长。

抖音显然意识到了这个问题，于是开始着手进行管理规范。2020 年 1

## PART 2　进军短视频：抖音凭什么抖起来

月初，抖音宣布限制购物车视频发布频次，以粉丝量决定权限大小：粉丝数低于 1000 的账号每周只能发布 1 条带购物车视频，粉丝数在 1000~3000、3000~10000、10000+ 的账号每天发布上限分别为 2 条、5 条、10 条。抖音在商业化上变得克制，开始维护内容生态，而反观快手则在一直小心翼翼维护的内容生态基础上，开始提速。

抖音和快手的发展轨迹，如同两条不同区间的曲线，正在更加靠近中心轴。无法判定哪条路是最正确的，冷静理性的张一鸣和理想主义者宿华从某种意义上也在走向一条殊途同归的道路，但也可能如宿华所说，只是在前往各自终点的路上碰到了一起。

# 第3章

# 抖音的核心竞争力

　　曾经，短视频用户以一句"北快手、南抖音"来形容短视频领域的两大巨头，2018年前后，抖音与快手可谓平分了短视频的领域。但现在，抖音的发展趋势和国际化进程早已超过了快手。这并不是快手做得不够好，而是抖音独特的推算算法、去中心化模式更加吸引用户，因此造成两者之间的差距越来越大。如果说快手是短视频行业的创立者，那么抖音就是当之无愧的创新者。相较于快手的平民化发展，抖音则更像是给生活装上了"滤镜"，将娱乐化效果放到了第一位。在不断满足新生代全体"95后""00后"猎奇娱乐的心理需求的同时，让人们接触到程度最深的资讯、最新鲜的娱乐玩法。

PART 2　进军短视频：抖音凭什么抖起来

## 独特的推荐算法

2018年3月的某天，抖音上被一条拍摄老人的作品刷屏，视频中一位白发奶奶身穿蓝白色软缎旗袍，搭配着一件民国女学生中十分流行的淡蓝色开衫，脚蹬一双红色软缎鞋，撑着一把几乎只能在影视剧中才能见到的油纸伞，在青石小道上莲步轻移，微雨中，身影显得格外优雅和迷人。

几乎就在当天，这条短视频便开始在抖音以"燎原之势"疯转，没过多久就收获了160多万的点赞，接近2万条留言以及超过4万次的转发。这条视频的作者是一个ID为"笑笑的笑"的小姑娘，她接触抖音并没有多久，这条视频只是她发布的第四条作品，这令很多专职从事新媒体行业的人无比诧异。其实，这就是网络时代新算法的功劳，同样也是抖音巨大用户群的功劳——在抖音，万众瞩目并不是俊男靓女的专属，而是什么东西可以击中人心，什么东西就能火。

不得不说，抖音的算法是非常有魅力的。抖音的系统会根据用户的喜好推送视频内容，让平台流量更加公平，这套算法是抖音必不可少的评判机制，对平台的所有用户都有效，无论是内容生产者（创作者）还是内容消费者（观看用户）。

目前，抖音、微视、UC 采用的均为推荐算法，且越来越多的渠道也开始采用这种方法。那么推荐算法究竟是什么呢？推荐算法的概念并不难理解，它是计算机专业中的一种算法，通过一些数学算法，去推测用户可能喜欢的东西。抖音的推荐算法逻辑可以分为三部分：

1. 智能分发：抖音是属于今日头条系列的产品，而头条系的产品一向与其他互联网产品的中心化流量分配不同，它是去中心化流量分配机制。比如微信公众号就是中心化流量分配，刚开通的微信公众号是没有任何用户关注的。而抖音用户即使是没有粉丝，所发布的任何视频作品，无论质量好坏都能分配到几十甚至上百的流量。业内人士习惯将其称呼为流量池，抖音会根据算法给每一个创作者分配一个流量池。之后，抖音根据创作者在这个流量池里的表现，决定是将作品推送给更多人，还是就此打住。只要作品内容足够好，用户喜欢，就能不断进入更大的流量池，获得更多的展现。因此，抖音的算法让每一个有能力产出优质内容的人，得到了跟大号公平竞争的机会。

正是抖音对于流量分配算法的管理，才会一直吸引大批新用户。这对于打算兼职从事短视频行业的玩家来说无疑是一项免费的福利，很多个人用户和商家用户也正是看重这一点，纷纷下载抖音，注册并成为抖音用户。

2. 叠加推荐：是指抖音会给新视频分发 100~200 播发量，转发量超过一定的数量，算法就会将之判断为受欢迎内容，自动为内容加权。比如发量超过 10，抖音就会叠加推荐 1000，转发量达 100，持续叠加推荐到 10000，以此类推。叠加推荐是以内容的综合权重作为评估标准，其中包含四个指标：完播率、点赞量、评论量、转发量。

3. 热度加权：创作者发布的短视频，只有经过大量粉丝的检验，被层层热度加权之后才会进入抖音的推荐内容池，接受几十甚至上百万的大流量洗礼。其热度的评判标准包括两个方面：第一，热度权重的参考次序为转发量＞评论＞点赞量；第二，根据时间择新去旧，即除非有大量粉丝模仿及跟拍，一条火爆视频的热度最多持续一周。

在张一鸣看来，算法是今日头条这款兴趣推荐搜索引擎应用的核心，这也是与传统媒体最本质的区别。今日头条旗下的抖音、火山小视频等APP之所以能够非常懂用户，精准推荐出用户所喜好的内容，完全得益于算法。而正是精准推荐，使得抖音在短短四年的时间里发展到DAU突破4亿，几乎覆盖了中国所有层次的互联网用户。而且，抖音国际版TikTok也已经风靡全球。毫不夸张地说，凭借着智能推荐算法，抖音正在短视频领域一统天下。

## "去中心化"模式

熟悉抖音的读者，肯定对"记录美好生活"这句话已经非常熟悉了，没错，它就是抖音的广告语。从这句话里，我们可以很明显地感受到抖音的产品定位，既然是记录，就是不需要刻意去表演，普通生活片段就可以作为内容展示出来。这样的一个产品定位，也让抖音的创始团队把抖音的价值观确定为每个普通人都平等地得到展示机会，不会刻意偏向头部用户。也正因如此，简而言之，抖音是去中心化的（如图4所示）。

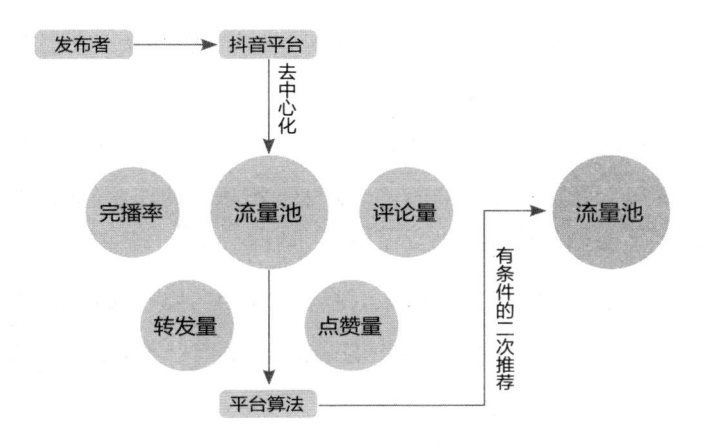

图4 抖音去中心化推荐机制

中心化的产品典型代表是新浪微博和微信公众号，主要特征就是以少数头部用户，也就是大V明星、KOL等为中心。中心化的产品流量主要聚集在少数用户上，而且必然是强运营驱动的，比如微博会为少数大V提供一对一服务等。这种类型的产品在冷启动时通常采取邀请制，在产品初期往往因为KOL的带动效应用户增长非常快。可是最大的问题是流量聚集在头部用户，就弱化了普通用户，所以新浪微博和微信公众号的社交一直难以做起来，而比较偏向媒体属性。长期来看，中心化的产品可能会面临用户留存不佳的问题。

去中心化的产品则与中心化的产品不同，就是不会对少数人偏袒，而是像抖音一样，每一个普通人都会平等地得到展示的机会。抖音鼓励用户自己去创造内容，记录生活中的美好瞬间而不是每天围绕着网红达人的生活打转。这样的产品优点促使普通用户会更积极地产生内容，也就是UGC的内容更多，而不是聚焦在PGC的内容，所以社交属性也会更强。正因不偏袒头部用户，不依靠头部用户来吸引更多用户，所以运营的介入也没有

## PART 2　进军短视频：抖音凭什么抖起来

中心化的产品那么强。一旦成功，会因为更强的社交属性有更好的用户留存。但是早期的用户增长却是相对缓慢的。

抖音原本是一个原创音乐视频社区，初衷是让用户通过视频分享音乐，不过令抖音运营团队意想不到的是，音乐（配乐）的作用越来越小，用户反而对视频内容更感兴趣。抖音上线几个月后，抖音团队转变运营思维，开始发力做短视频，到2017年年末时抖音的DAU达到4000万。2018年春节期间，通过营销与推广的方式，使得抖音日活跃用户经历了一轮快速上涨，从之前的4000万飞速上升到了7000万。

抖音一直秉承着自己的理念做运营，即便面对当时"众星云集"的快手，抖音依旧保持着去中心化的本色，不改变视频的分发机制。与快手相比，抖音起步虽晚，可凭借着去中心化却可以激励更多普通人创造内容，沉淀社交关系。说到底，短视频社区最终的落脚点还是在社区，谁能有更多的用户参与才能最终决定输赢，所以去中心化的格局比中心化更大，包容性更强，用户留存更好。正因如此，在快手统治短视频的那段时期，抖音还是强势崛起了。

抖音通过强势的运营手段，吸引大量KOL和大腕明星入驻，精心编排优质内容，各种热门挑战、话题，以及让人眼花缭乱的各种特效强势吸引眼球和话题。现在看来，这一策略目前也是非常成功的，仅推出市场半年，用户量过亿，在此后一段时间里，长期霸占应用市场下载榜首。

对抖音而言，除去官方运营团队在早期合作的MCN机构，以及花费天价从各处挖来的少量网红明星外，抖音对待所有用户都一样，而且随着抖音的运营越来越成熟，产品内容本身已经进入了一个自运营的状态。所以我们可以看到，抖音对于头部用户已经不会再偏袒了，即使是抖音之前赞助的《中国有嘻哈》和《中国好声音》，运营团队也没有给入驻抖音平台的人气选手们更多的流量。所以抖音的核心用户是多元的，有很多热爱分享记录日常生活的用户，也有很多各种制作五花八门的才艺的人，整个内容生态和用户生态都已经建立起来了，他们都是抖音的核心用户。

而对于用户们喜欢的内容，抖音也并不刻意去引导，因此导致抖音衍生出了非常丰富多元的内容生态：美女、帅哥、尬舞、搞笑剧情、各种教程、吃秀、各行各业的奇人异事、明星、游戏、手工等。这些内容都不是抖音刻意运营出来的，而是用户通过自运营自然生长出来的。抖音采取的是最少的干预，只要不碰触底线都可以。这样的好处非常明显，就是用户创作参与度高，活跃度高，留存也高，而且内容生态形成，也为产品构建了很宽的护城河，所以抖音能以几乎"无为而治"的流量分配制度累积了大量用户，成为短视频行业的领头羊。

## 巨大的流量

从 2017 年下半年开始，各种"无缝衔接"的热点事件将抖音推向更多用户的面前，抖音由此大火。不得不说，这是一种现象级的火，甚至超越此前短视频行业的一枝独秀——快手，火到与微博、微信并称为流量洼地的"三驾马车"。

在抖音走红的同时，其平台也带火了早期入驻的一批玩家：从最初的摩登兄弟、小橙子、Boogie93、吴佳煜，再到后来的祝晓晗、李雪琴、鱼大仙儿，无数网络红人从抖音平台脱颖而出，走进大众视线。

## PART 2　进军短视频：抖音凭什么抖起来

抖音的这种"造星"行为一时间吸引大量玩家蜂拥而至，这些用户抱着"一夜成名"的期待与幻想入场。用户的快速增长为抖音流量池的建设做出了巨大贡献，规模越来越大的流量池也对那些新加入的优质视频创作者给予了流量反馈，增加这些优质作者的信心，就这样，用户数量与平台规模在共同壮大中达成一种良性循环。

目前，抖音俨然已经成为年轻网红的最大聚集地，根据艾瑞网的数据显示，抖音平台从产品上线到月活跃用户上亿，仅仅用了两年时间，而抖音最大的竞争对手快手达到这一成就却花了足足五年的时间。抖音用户不断增加，其画像更加丰富，用户边界也不断扩容。作为能与微博、微信掰掰手腕的新兴流量平台，单从粉丝的购买力和付费用户的转化角度来看，抖音的用户质量无疑是最高的，同时，这架搭载着巨大流量的华丽马车对于商家来说也是最适合投放广告的。

巨大的流量成了抖音的核心竞争力之一，可以清晰地看出抖音绝对是未来三年短视频行业最赚钱的平台。平台所承载的巨大流量，不仅能让普通玩家一夜爆红，也能让更多的用户参与到"无货源卖货"的行列之中。同时，随着抖音的发展，爆款视频中出现的"抖音同款"也越来越多地出现在用户的眼前，如今的抖音其"种草"属性展露无遗，变现潜力更是日益增加。

在2019年，抖音短视频平台依靠自己的优势吃尽了流量红利，在"618""双11""双12"等重大电商节日里表现出了超强的"带货"能力，这让很多乐于学习的普通玩家以及精明的"抖商"在这一年通过各种活动赚得盆满钵满，快速完成了原始资本积累。

在抖音的红利风口面前，有人欢喜有人愁。欢喜的自不必说，而那些没有赶上时机的人不禁犹豫起来，现在的抖音平台还能赚钱吗？对于这个问题，绝大多数的抖商给出的回答都是肯定的。

至于这些人的信心在哪儿？不妨先让我们回顾一下多年前微信公众号的发展走势，微信公众号从 2012 年产品上线，到完善规则、写手入驻、粉丝暴涨、阅读量稳定，再到后来的阅读量下滑、红利消失等几个时期，其产品的红利走势可以用一个"倒 U 型"来代表。而当前红得发紫的抖音，它的红利期其实还处于这个"倒 U 型"上升期，以目前短视频行业整体的环境来看，抖音依然是个人玩家、职业抖商的最好选择，这也与抖音具有超大平台流量池有着很大的关系。

### 海量的数据

在很多业内人士看来，字节跳动的智能推荐算法并不是什么高尖端的秘密武器，很多互联网高尖端企业，诸如微软、Google、Facebook 等公司都能轻松地从技术上做出这种算法，但想要投入到产品进行使用却没那么容易。最大的难点在于想要这种智能推荐算法变得精准，则需要依靠大量用户的真实数据来进行训练，这种训练并非一朝一夕就能完成，甚至可以说，要想维持这种算法的准度，就必须时刻利用数据对其进行模拟训练。那么，支撑字节跳动实现算法升级的海量真实数据又从哪里来呢？显然，头条系产品羡煞旁人的 DAU 并不是说着玩的，每天，都有数亿用户给字节跳动的算法训练提供了大量的数据。

大数据时代，海量的用户数据早已成了比流量更加珍贵的资源。在互

## PART 2　进军短视频：抖音凭什么抖起来

联网行业，若将数据比成一座金矿，那先进的算法就好比效率更高的挖矿工具。优秀的算法可以挖掘有用的用户数据来进行业务拓展或投资，海量的数据可以对算法不断地进行训练优化，彼此相互促进共同构成了未来科技公司的核心竞争力。那算法驱动数据的模式是如何使企业高速增长的呢？

其实很简单，以字节跳动为例，当字节跳动开发了一款应用很受欢迎且聚集了大量用户以后，过一段时间就会产生大量的数据。而这时字节跳动的应用开发团队就可以用研究出的优秀的相应算法对这些数据进行分析，筛选出有用的信息，这些信息在之后的运用中可以起到对应的商业变现作用；若发现了用户更多的需求时，还可以开发相应的应用，不设边界地拓展更多的业务。对于绝大多数科技公司来说，能够研发出一款好的产品的前提，首先就是要在不同领域获取大量的数据，以探索用户的真实需求。

字节跳动的海量数据的来源一部分是从内部产生的，这个很好理解，就是用户使用头条系产品时所产生的数据；另外一部分则是通过投资并购的方式从外部获取，例如 2017 年 11 月 10 日，今日头条以 10 亿美元收购了北美音乐短视频社交平台 Musical.ly，与抖音合并。一家科技企业一旦拥有更多领域更多维度的用户数据，那么也就意味着这家公司拥有了无限的业务拓展空间。

通常来说，从内部挖来的数据首先用于新业务的拓展，若发展成功就继续进行数据挖掘与算法分析，形成良性循环。若新业务中道夭折，就在布局好的投资网中并购最有可能成为行业第一的小企业或控股中型公司，直接纳入或深度打通自身的生态数据体系，寻求更大的商业价值。其次，是与各大公司深度合作，并且将数据融合互通，实现合作共赢。

在互联网已经成为基础设施的时代，各行各业的数据将会成为最重要的企业资产，谁掌握了海量数据谁就拥有了巨大价值，谁拥有了高效运用数据的先进算法，谁就能时刻进行跨界打击，因为未来数据与算法才是互联网企业主要的核心竞争力。

# PART 3

## 拓展:
## 字节跳动的多元化和国际化

2020年3月12日，在字节跳动成立八周年之际，公司内部更新了企业文化（其内部称为"字节范"），新增"多元兼容"，旨在打造多元化的全球团队。随着字节跳动的快速发展，产品和平台覆盖的国家、地区和文化不断增多，用户群体展现出丰富多元的特征。同时，产品的一大核心和重点，就是建立丰富包容的社区文化，为多元不同而喝彩。

# 第1章

## 多元化：赢在超低获客成本与精准化布局

纵观整个 2018 年，字节跳动投注的新业务线，受关注最多的几乎都是些来钱快的渠道。对此，张一鸣制定了较为激进的收入增长目标。从对标 VIPKID 的 gogokid、对标汽车之家的懂车帝，再到投资虎牙直播、斗鱼直播、游戏联运、财经产品，上线"今日游戏""放心借""值点"等应用，可以看出，字节跳动下定决心通过发展多元自有业务以提升流量变现效率。

PART 3　拓展：字节跳动的多元化和国际化

## 在线教育——gogokid

　　gogokid 是字节跳动在教育领域的一次重拳突击。2018 年 5 月，字节跳动对标国内少儿在线英语教育品牌 VIPKID，上线了属于自己的少儿在线英语教育品牌 gogokid，正式进军教育行业。

　　事实上，gogokid 的发布并非字节跳动头脑发热的产物，在 gogokid 发布之前，字节跳动曾专门组建了产品团队，并采用互联网大数据和 AI 技术在教育领域进行了深入探索，在历经了两年的筹备研发和实验后，这才上线了 gogokid。

　　在推出 gogokid 这款产品之前，张一鸣的从业经验全都是跟技术有关，没有在教育领域深耕过。而一个从来没有做过教育的人，现在要开始在教育这个复杂又精细的行业做事，最快的办法是什么？当然是先借鉴和模仿，而且要借鉴行业内的成功案例。

　　最近几年国内少儿英语教育这块，当属 VIPKID 的名气最大。VIPKID 除了有自己的超级用户外，资本层面也非常认可，例如新东方联合创始人

## 第 1 章　多元化：赢在超低获客成本与精准化布局

徐小平、创新工场创始人李开复都曾经给 VIPKID 站过台。另外，已故的前 NBA 巨星科比也是 VIPKID 的投资人，科比生前在中国总共就投资了两家公司，另外一家是阿里巴巴。因此字节跳动旗下的 gogokid 借鉴 VIPKID 可谓是情理之中。

2018 年 8 月，gogokid 运营团队邀请到了国际巨星章子怡做形象代言人，而此前章子怡在接受媒体采访时这样表示："很多中国人觉得英语难学，倒不是因为语法，而是不敢开口。"章子怡回忆起自己初学英语时也是这样，但慢慢地，她认识到，学英语就要大胆开口，实际运用就是最好的学习方式。或许正是这个原因，使章子怡愿意成为 gogokid 的代言人，鼓励中国的孩子们敢于开口说。

在与章子怡建立商业合作不久后，gogokid 运营团队又在社交平台上放出了一个重磅消息，gogokid 成了《爸爸去哪儿》第六季节目的独家赞助。从 2018 年下半年起，gogokid 的一连串大动作颇为吸人眼球。

作为在线少儿英语学习平台，gogokid 充分借鉴了 VIPKID 的教学理念，采用在线外教一对一教学模式，gogokid 的竞品除了 VIPKID 之外，还有 51Talk 等在线英语教育机构。因此，外教数量实质上反映了机构的办学规模。截至 2019 年年末，VIPKID 对外宣称签约北美外教人数超过 9 万人，51Talk 菲教数量在 2019 年已达 1.5 万人，且计划在五年内继续引入 10 万在线菲教。由此可见，拥有 4000 名外教的 gogokid 与赛道头部机构还存在着不小的差距。

事实上，在 2019 年的"烧钱大战"中，gogokid 与 VIPKID 曾经为了抢夺人才发生过激烈竞争。在社交软件 Facebook 上，一个名为 "gogokid and VIPKID Teachers" 的小组有超过 2000 名成员。其中，有人表示，由于 gogokid 开出的两倍高薪酬劳，自己随即"心动"跳槽；而另一名 gogokid 的外教则在小组讨论中表示，目前自己至少 70% 的收入都来自在 gogokid 上教

## PART 3　拓展：字节跳动的多元化和国际化

课，自己靠着这笔钱来支付每个月的账单和信用卡。

2019年9月，为了在与同类竞品的破局之战中取得胜利，gogokid迎来了一位"90后"CEO金钱琛，这位"90后"CEO在来到字节跳动前曾担任饿了么副总裁，金宝贝首席运营官，并在宝洁、Career Venture和贝恩咨询均有过就职经历。大学在校期间曾创办名学堂教育，专注大学生自主招生培训市场，初探教育领域。

对于年轻有为的金钱琛成为gogokid新任CEO，很多资深教育的投资人表示非常看好。并指出，目前少儿英语赛道的主要付费者大多处于"80后"到"95前"这一阶段，相同的年龄段，使年轻的负责人能够更清晰用户的需求。另一方面，"90后"的运营、管理理念也一定会与"70后""80后"有所不同，其对新事物更加敏感，接受程度更高。因此，此次加入字节跳动成为gogokid新帅的金钱琛如何能让gogokid这款产品焕发生机，也非常值得期待。

### 游戏——今日游戏

2018年6月，今日头条悄然上线"今日游戏"。作为典型的游戏渠道，今日游戏上线之初的布置似乎与其他渠道并没有什么不同，常规地内置了游戏搜索、推荐、福利（礼包）、分类、排行榜（热游）等模块。

不过有趣的是，在今日游戏的榜单和分类中，腾讯游戏的曝光数量相当有限。除了腾讯游戏在今日游戏各项席位中所占较少之外，还有游戏热

# 第1章 多元化：赢在超低获客成本与精准化布局

度排名——即使是《王者荣耀》和《和平精英》这样的爆款游戏在榜单中也非常靠后。而网易游戏和SLG（策略类游戏）吸金重头游戏则被推上了推荐位和榜单前排。在很多手游玩家看来，这样的榜单和游戏推荐可能在一定程度上反映了头条用户选择游戏的口味，但更有可能是字节跳动对腾讯所采取的反制。

对于字节跳动来说，其流量主要来自头条和抖音这两大核心APP，字节跳动的游戏业务尚处于"试水"阶段，据字节跳动的内部员工爆料，目前字节跳动游戏业务基本可以划分为两条线，一条线是做休闲类的产品，一条线是做中重度的产品。

从大数据来看，字节跳动的用户群体主要是追求时尚的年轻人，年轻女性的用户比例并不低，这与休闲类产品的匹配度很高。今日游戏发展至今，也证明了休闲类产品在字节跳动平台上的效果非常好，比如2019年春节的爆款游戏《消灭病毒》以及2020年的爆款游戏《我功夫特牛》均来自字节跳动。除了这两大爆款游戏之外，字节跳动还有不少优质的休闲类游戏，也曾一度霸榜iOS免费版前十。就目前来看，字节跳动所拥有的休闲类游戏用户并不比腾讯少，而且从趋势上来看，字节跳动还在不断利用自己的数据模型更新迭代新的产品，因此不少业内人士预测字节跳动的休闲游戏业务能够在未来几年的时间里再上一个台阶，有很大机会登上中国休闲类游戏一哥的位置，并且在DAU的数据上也有一定概率超越腾讯游戏。

在自研游戏方面，任何公司在做一款游戏时，游戏是否能够成为爆款主要取决于两点：有没有流量，是不是好产品。十几年前，腾讯靠着代理的《地下城与勇士》和《穿越火线》横扫国内市场，一举击溃网易、盛大、九城，成为国内的游戏一哥。究其原因，主要是因为腾讯的流量足够大，

## PART 3　拓展：字节跳动的多元化和国际化

产品也很受欢迎；而在游戏行业有着"万年老二"称号的网易能在国内风云变幻的市场中稳当常青树，则是因为网易的产品独树一帜，虽然与崛起的腾讯相比，没有流量优势，但是胜在产品力特别强。

而自研游戏除了流量和产品，运气占了很大比例，要看公司是否能够找到一个具有丰富经验的游戏制作人。目前，字节跳动有四大游戏部门，分别在北京、上海、杭州以及深圳。对比腾讯和网易在游戏业务上的投入，字节跳动这种规模的投入着实有些不够。因为即便是有着诸多爆款案例的网易，在自研游戏的成功率方面也不是特别高，可以说自研游戏基本是一个比拼制作人、运气、概率的事情。因此，字节跳动如果想要花费精力做自研游戏，那么今日游戏团队未来的计划很可能是多建立团队，共同打造三十个甚至五十个以上的项目，而这些项目中只要有两三个项目成为爆款就够了，其他项目只要保证不赔钱或者赔得不是太多，直接停运也没关系。

至于字节跳动想要脱离休闲类，往其他品类游戏，如MMO（大型多人在线游戏）方面做尝试，那么今日游戏团队就要做好面对更大挑战的心理准备。众所周知，MMO游戏一直是网易的主战场，网易是一家不太依赖流量的公司，主要靠游戏品质取胜。在运营端，网易在多年以前就拿到了《魔兽世界》《炉石传说》《守望先锋》等多款暴雪游戏的国内运营权；而在自研游戏端，《梦幻西游》《阴阳师》《第五人格》等代表作早已深入人心。网易和腾讯在游戏业务上缠斗了十余年，就连腾讯都未能在网易坚守的MMO游戏阵地中捞到好处，恐怕字节跳动在短期内也没有太大的机会。从这个角度考虑，字节跳动的业务部门似乎可以放弃MMO战线，集中精力做更适合自己的游戏品类。

不可否认的是，字节跳动作为近两年迅速爆发的流量大户，进入游戏

# 第1章 多元化：赢在超低获客成本与精准化布局

这一互联网变现之王领域势在必行。目前在休闲游戏领域已经比较确定能够拿下一个巨量的市场，在中重度游戏领域只要找到合适的品类，也能撕开一道很深的口子。未来，国内的游戏市场，包括网易、腾讯在内的许多大型游戏公司，恐怕都要当心了。

## 个人消费贷——放心借

2018年6月，今日头条APP中一款名为"放心借"的现金贷产品低调上线（如图5所示）。"放心借"宣传页面显示，该产品日利率低至0.03%起，按日计息，即时到账，最高借款额度可达20万元。事实上，今日头条入局金融业这件事，从2017年开始在坊间就已经有了传闻，但当时今日头条通过官媒发出声明，否认了做金融业务的打算。令许多用户没有想到的是，仅不到一年时间，现金贷的产品就落地了。

尽管剧情的反转有些快，让一些"吃瓜群众"吐槽今日头条"打脸了"，但没过多久，一些使用过放心借产品的用户还是忍不住说出一句"真香"。

为何今日头条即便选择"打脸"，也还是要义无反顾地入局金融业务？其实所有做现金贷的公司只有一个目的，就是逐利。事实上，做现金贷业务的互联网公司也不仅仅是今日头条一家，例如腾讯的"微粒贷"、阿里巴巴的"借呗"、小米的"小米贷款"、百度的"有钱花"、美团的"美团生活费"……可以说，很多大型互联网公司都推出了自家的金融产品。现金贷的收益是

PART 3　拓展：字节跳动的多元化和国际化

难以估计的：今日头条的日利率是 0.03%，不算高也不算低，属于中等水平；与之差不多的是 360 旗下的"放心贷"，日利率 0.027%；京东金融旗下现金贷"金条"的日利率是为 0.04%~0.095%，实际借款利率会根据每个人的不同情况在借款页面展示。

但无论日利率是 0.02% 还是 0.04%，转化为年利率后利息都不低——以日利率 0.02% 为例，年化后则是 7.2%（0.02%×360），也就是说借取本金 10 万元人民币的话，每年就要付息 0.72 万元。而今日头条的 0.03% 的日利率，年化后其实就是 10.8% 的利率。如果是 0.04% 的利息，就意味着借贷人要付出 14.4% 的年利息，这是一个什么样的概念？要知道"股神"巴菲特所掌控的伯克希尔公司每股账面价值的增幅也仅仅是 11%。毫不夸张地说，以 0.04% 的日利率进行放贷，其获取的收益甚至比巴菲特还要高。这也正说明了，为何全球的互联网公司都在削尖了脑袋想要在金融行业里拓展业务。

从"放心借"的产品常见问题中我们可以看到，该产品为提供个人消费借款服务的平台。通过智能算法为用户推荐"高额低息"的正规持牌金融机构。目前，放心借的合作机构有三家，分别为中银消费金融、南京银行以及新网银行。换言之，字节跳动只在获客和流量上做业务支持，而真正的信贷业务——开户、风控、放贷、催收等都是由持牌金融机构完成。相比于小米、微信、阿里巴巴等一些企业，字节跳动的入局速度相对较慢，但涉及的业务却五花八门——保险、证券、消费金融，种种迹象都彰显着字节跳动对金融业务的野心，按照惯例，很多大型企业做新业务都是通过合作进行试水，字节跳动也是如此，在"放心借"业务推出一年后，字节跳动又推出全新的互联网金融平台——满分 APP，定位为一站式消费金融

## 第1章 多元化：赢在超低获客成本与精准化布局

服务平台（如图5所示）。

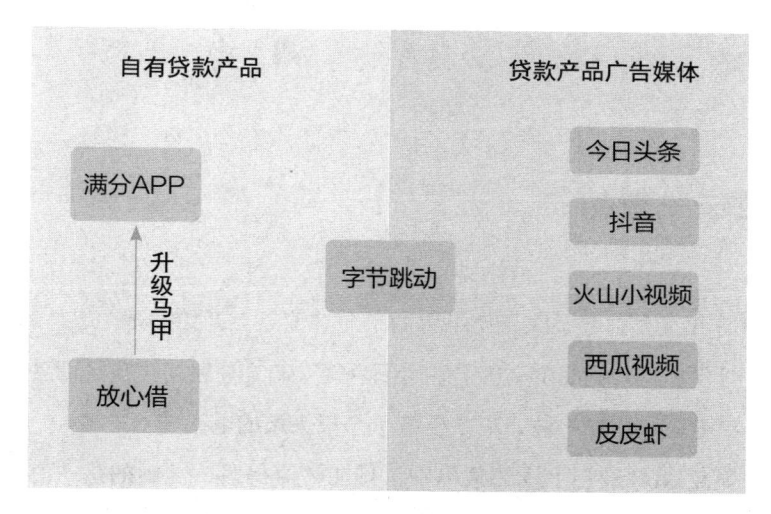

图5 字节跳动的现金贷业务版图

据公开数据显示，满分APP正式上线一周，其注册用户就达到2322万人，服务总金额超过128亿元，服务总订单数为395万。对于满分APP能够创造出这样的数据，很多业内人士并不感到惊讶，因为满分APP的用户中有不少来自今日头条旗下的"放心借"平台，而现在，满分APP已经成为"放心借"的入口。字节跳动通过满分APP独立的方式呈现，恰恰说明了字节跳动进军金融服务领域的决心。

PART 3　拓展：字节跳动的多元化和国际化

## 电商——值点

2018年9月，今日头条旗下电商平台"值点"开始被国内媒体所关注。这款主打优质低价商品的APP，由今日头条100%控股，主要经营各种平价商品，集电商和内容一体，再次延续了今日头条的电商梦。

在值点APP最初上线的菜单中，排在"值得买"之后的是"值得看"，以信息流的方式呈现给用户内容资讯，类似一个"迷你版"的今日头条，在官方介绍中，这一特色被称为"购物一站式"。"值点"的官方介绍也是"优质低价网上超市"。可以看出，今日头条主打的商品偏中低端。商品偏实惠，性价比高。这一定位可能也与今日头条的用户画像较为匹配。

在值点推出之前，今日头条已经多次试水电商，早在2014年7月，今日头条就上线了电商导购产品"今日特卖"，涉足电商导购。2016年9月，今日头条上线了京东电商入口。2017年9月，今日头条又上线了放心购栏目。2018年3月，抖音开始为淘宝店铺提供跳转入口。有人说这是张一鸣与拼多多创始人黄峥之间的巅峰对决，以争夺中国"五环外"的市场。

拼多多于2015年9月正式上线，最早由创始人黄峥的游戏公司内部孵化而成。上线仅10个月时间，拼多多用户量就突破了1亿；上线才刚刚3年时间，便在上海和纽约两地同时敲钟，成功上市。在来势汹汹的拼多多面前，张一鸣非常沉得住气，在他看来，以字节跳动当前所拥有的体量、

## 第1章 多元化：赢在超低获客成本与精准化布局

流量、内容、用户以及声量，足以与拼多多进行正面交锋。

不得不说，拼多多的逆袭之路让无数商业大佬重新认识了"五环外"人群的消费潜力，就连张一鸣也时常思考，"五环外"人群和今日头条的用户有多少重合之处。利用头条的信息流和推广方式，能否将头条系用户吸引到电商平台。在拼多多的裂变玩法（砍一刀）风靡全国之前，头条曾为淘宝、京东带来了不少订单，同时还让一部分特卖达人赚得盆满钵满。可如今，草根企业拼多多的迅速崛起，使张一鸣第一次产生出"肥水不流外人田"的想法，并激发了自己下场的决心。此外，今日头条先后孵化了火山小视频、西瓜视频、抖音等月活上亿的超级产品，头条系正在成为一个超级流量平台矩阵。流量变现是一个必须面对的问题，所以头条系也必须尝试做电商。

与拼多多相比，今日头条的优势自然就是他们旗下有着大量的自媒体作者，因此推荐文章与低廉商品的融合是头条入局电商的王牌。而内容正是拼多多、京东，淘宝等大型知名平台的短板。如果策划得当，今日头条的媒体优势在这一领域一定会得以施展。

另外，头条拥有内容导购的实力，并且取得了很好的效果，内容导购正在逐渐成为头条的首要引流方式。例如，头条系的抖音带货能力就非常显著。短视频拉近了用户与商品的距离，抖音玩家强烈的表演意图也给商品的呈现增添了许多创意元素，让受众更容易接受。各种"抖音同款"商品更是让各大平台眼红，而这也是淘宝推出鹿刻短视频的直接原因所在。与其放任别的平台商家通过"抖音同款"大赚一笔，头条不如直接让抖音接入电商。

总之，字节跳动的团队抱着种种念头，从"放心购"出发，进而推出一个中老年细分人群的"值点"。但可以预见的是，这只是开始。在避免与

## PART 3　拓展：字节跳动的多元化和国际化

淘宝、京东等综合电商平台展开激烈冲突的情况下，瞄准细分市场是一条可行之道。今后头条也许还会继续推出不同人群的细分电商产品，以满足现代越来越个性化和多元化的消费需求。

今日头条的电商之路未来发展如何，目前还很难下定论，但今日头条肯定会努力尝试，因为传统电商正处于变革期，新电商还是有很多竞争机会的，也许张一鸣能够带领头条系打开电商领域新世界的大门。

### 生活社区——新草

"种草神器"小红书的成功实践，让许多互联网企业看到了内容电商这块诱人的香饽饽，争相投入。作为内容领域的巨擘，今日头条自然也不会错过机会，其全新孵化的生活社区APP"新草"，目前正着力打造UCG社区，吸引更多的用户。

从头条自身布局来看，2018年相继推出的"值点"和"新草"或许代表了其寻求电商变现的不同战略倾向，值点面向更广泛的下沉市场，而新草则拥有更年轻化的目标定位。不得不说，字节跳动对新草的关注度很高，自从2018年9月新草孵化成功后，短短时间内就从最初的2.0版本更新到9.0版本，纵观字节跳动旗下产品，很少有产品能够获得新草这样的待遇。

新草上线之初，其应用首页并无用户上传内容入口，只有当用户点击某个话题时才能在话题广场发布图片或视频，这一设计无疑直接拉低了UGC的内容数量，给人的感觉倒有点像是一个"生活版"的今日头条。而

## 第1章 多元化：赢在超低获客成本与精准化布局

随着新版本的不断迭代，新草运营团队也逐渐发现问题并想办法让头条逻辑形式的内容社区开始往 UGC 社区的方向进行转变。

新草主要的信息流为"图片+文字"的横版形式，与小红书两栏分布的瀑布流相比，虽然单一界面所呈递的信息更少、效率更低，但却更加符合新草清新、简约的社区风格，并且图片以九宫格的形式展现更加能够吸引用户。

基于头条出色的个性化推荐引擎技术，新草设置的内容社区类型较广泛，主要分为家居、个护、数码、小物、书影、美食、旅行等几大类。"推荐+关注"的双轨制逻辑带有浓重的资讯分发者味道，而这种模式更加适用于以接收信息为主的使用者，也更有利于发挥头条系内容垂直的优势。值得一提的是，很多同类应用考虑到女性用户的消费能力和市场容量，因此在产品定位时基本放弃了男性群体。但事实上，年轻女性群体和年轻男性群体之间在旅行、家居等多个消费领域是高度重合的。新草把追求潮流好物的年轻人群体作为自己的目标用户，用户在使用时可以勾选自己的性别，这样的定位也使得产品更加包容。

作为潮男潮女的流行新社区，新草种草的商品种类也多是颜值高、有格调、有情趣等生活仪式感浓厚的产品，如：运动耳机、小型投影仪、智能家电等，因此基本可以推测，未来在新草不改变运营思路的前提下，新草内容电商模块可能也是从这些类型的物品入手。另外，"如何产出更优质的内容？""如何促进平台关系链？"也是新草当下需要重点突破的两个方向。

虽然新草目前还没有明确的电商转化路径现象，其电商的闭环尚未形成，但是通过内容去收获大批的种草用户的想象空间也是不容小觑的。如果新草能成功转型成为内容电商，无疑会给头条生态圈添增一笔浓重的笔墨。

PART 3　拓展：字节跳动的多元化和国际化

## 即时社交——Lark（飞书）

2017 年，字节跳动火力全开，旗下多个项目进入高速发展期，字节跳动的员工规模快速扩张，从而带来的问题是公司内部沟通和协作成本越来越高，字节跳动在尝试了国内外各种知名的沟通协作软件后，仍然无法有效解决沟通和快速协作的难题。企业内部迫切需要找到一款更高效的办公协作工具，来推动字节跳动的高速发展。于是，张一鸣决定从各部门抽调人员自己开发出一款强大、灵活、开放的办公软件，来支持内部大量沟通和协作的需求。基于这种条件，Lark（飞书前身）应运而生。

经过不断地打磨和迭代，Lark 相继整合即时沟通、日历、在线文档、云盘、应用中心等功能于一体，不断为字节跳动提供品质卓越的云协作体验。在 Lark 诞生的两年中，令数万名字节跳动员工感受到了颠覆式的办公体验——Lark 每年至少为字节跳动节约 29% 的沟通时间，跨部门项目效率提升 24%，人工成本节约了近 30%。

2018 年，字节跳动抱着"独乐乐不如众乐乐"的心态，开放了下载端，并邀请国内的互联网公司进行小范围试用，广受使用者好评。于是，字节跳动下定决心要将 Lark 打造成一款风靡全球的办公软件。

从 Lark 早期的功能上来看，它与市面上已有的产品并无太多差别，"即时通信 + 共享日历 + 文档在线协作"基本就是其全部功能。但不同的是，

## 第1章　多元化：赢在超低获客成本与精准化布局

Lark 基本只是让三大功能在单一平台上实现实时协同，无缝切换，却没有做考勤、流程管理或财务报销一类企业办公软件必备的功能。但区别于其他本土办公软件的是，Lark 最开始只是公司内部使用的产品，面向的第一市场也不是国内，而是海外。

2019年3月，外媒 The Information 曾爆料，字节跳动此前在新加坡成立了一家名为 Lark Technologies 的子公司，该公司计划面向美国及其他海外市场推出企业办公套件。而在 Lark 官网上的信息也显示，Lark 总部位于新加坡，且在美国旧金山湾区有团队为用户提供服务支持。几乎是在报道出现的同一时间，为了配合 Lark 在海外的上线，Lark 在国内正式更名为"飞书"，但依旧没有对普通企业和用户开放注册窗口，只有被邀请的企业用户才能下载和使用。从时间尺度来看，字节跳动这次在 Lark 业务上的发力是一场预谋已久的突袭战，它用两年时间向外界展示了这家公司在 ToB 市场中的理念和耐心；而从市场策略的角度来看，先出海又显示出字节跳动对国内市场的谨慎以及对国际化市场的自信。

事实上，早在2018年3月，就有媒体陆续跟踪报道字节跳动正在招兵买马，以加速推动公司效率工程部门的企业协作产品 Lark 的研发。Lark 成立最初的原因或许是为了解决企业内部协作的效用，但随着字节跳动在企业协作领域的布局加深，内部对 Lark 寄予的希望也越来越大。字节跳动逐渐开始给予 Lark 超高级别的高管配置。到后来，字节跳动甚至给了 Lark 一个类似子公司的配置，使 Lark 的团队成为字节跳动中唯一一个自带产品研发和商业化变现配置的部门。

在张一鸣撮合下，字节跳动高级副总裁谢欣接手了 Lark 的开发工作，并成为 Lark 团队的效率工程部门总负责人；而 Lark 产品的实际负责人由字节跳动的高级产品总监徐哲来担任；与徐哲配合的产品研发部门的负责人

## PART 3　拓展：字节跳动的多元化和国际化

则是今日头条技术总监梁汝波；另外，商业化变现这块则由头条的元老级员工吴玮杰负责。为了完善 Lark，字节跳动不仅选用了"全明星"阵容进行研发和管理，同时字节跳动在投资并购方面也做了诸多努力——从 2017 年起，字节跳动陆续投资并购了一批专注于企业协作的创业公司，其中包括文档协作软件公司石墨文档，企业云盘产品坚果云，以及被收购的朝夕日历、思维概要整理工具幕布。

对于字节跳动来说，不惜投入大量资源也要做 Lark，背后也有自己的考量。一方面，做这样一个协作软件和字节跳动业务的调性并不冲突。字节跳动官网给自己写的定位是"我们打造全球创作与交流平台"，企业协作业务当然归属其中。作为一个新业务，身兼 ToB 业务和国际化属性的 Lark，承载了字节跳动探索下半场新用户红利消失后的使命。张一鸣曾这样谈及他对 ToB 和国际化的理解："还有一个非常重要的维度，也是我对中国互联网科技企业比较期待的，过去我们做 ToC 的业务，其实更有难度的是 B 端业务，ToC 端的产品用的数据库、云计算还是芯片、支付系统，其实是 ICT 产业的更底层，如果 C 端做完可以往上游进入 B 端基础设施，如果能做成，是对中国科技企业的提高。无论是获取用户红利还是市场营销还是社交传播，更多要打国际化，才能够进入上游更有难度的工作。"

另一方面，企业软件服务常被认为是个闷声发大财的行业。根据《财经》杂志的数据显示，美国超百亿美元市值的服务企业有 100 多家。微软、甲骨文等都属于其中的一员。以全球最知名的企业协作软件 Slack 为例。2018 年 3 月，Slack 拥有 900 万周活跃用户，超过 5 万个付费企业用户，估值达 50 亿美元。而到 2018 年 8 月，这家公司在完成新一轮融资后，估值继续上涨 21 亿美元，达到 71 亿美元。有 Slack 的成功案例在前，对于字节跳动而言，无疑起到了一个正向激励的作用，同时 Slack 的成功也似乎宣告着"企业协

## 第1章 多元化：赢在超低获客成本与精准化布局

作是一门不小的生意"。

于公于私，字节跳动对于 Lark 的研发都需要投入极大的精力。2019 年 4 月，Lark1.0 版本在海外上线，从市场策略来看，字节跳动无疑是谨慎和聪明的，Lark 采用了"出海 + 低价"的道路。Lark 选择海外的目的有二，一方面是因为海外相对更适合一款办公协作产品探索和发展；另一方面也可以避免国内复杂的市场竞争情况。

在 Lark 推出之前，国内企业社交软件长期无法发展壮大，这与中国本土"工作、生活不区分"有着密切的关系。这点是由社会文化结构决定的，就目前来看，短时间内所有熟人社交产品都难以跨过微信这道坎，而这种情况放到需要"交流、沟通"的协作软件同样适用。事实上，过去发展得比较好的文档类协作软件在一定程度上都依赖了微信或微信小程序生态。即使是使用 Lark 多年的字节跳动的员工，也不可能完全放弃微信。因此，Lark 如果只停留在企业内部的交流层面，其价值必然会大打折扣。同时，国内也没有建立起很好地为企业协作软件付费的习惯。在国内，如果想获取并维持足够多的 C 端用户，"免费使用"仍然是最佳法宝。对任何企业而言，即便你做的产品不免费，那么未来总会有人拿出免费的产品。但是这件事放到国外则不然，因为国外对于软件的使用早已拥有了很好的付费习惯。从定价上来看，Lark 基础版本价格仅为 Slack 的 30%、G suite 的 50%，这让其作为一款新产品具有很大的发展空间。

此外，对国内企业来说，Lark 主打的"协作"当然重要，但无论相比 OA，还是 ERP、CRM 等涉及企业流程的软件来说，还只是浅层。目前愿意为协作买单的更多的还是互联网企业，如果涉及企业管理，光协作是无法打动企业管理者的。而如果 Lark 要朝"流程"走，只要在国内冒头，必然会与钉钉、企业微信进行正面交锋。因此，Lark 最终选择了"海外先行，

PART 3　拓展：字节跳动的多元化和国际化

国内等待"的战略，不过，随着新冠疫情的蔓延，国内线上办公需求的激增，Lark 团队之前制定的避战策略也随之失效。

2020 年 2 月 24 日，字节跳动旗下办公套件飞书宣布，向全国所有企业和组织免费开放，不限规模，不限使用时长，所有用户均可使用飞书全部套件功能。至此，飞书正式点燃了与钉钉、企业微信、腾讯会议、Zoom 等远程办公软件的战火。

## 社交版的"抖音"——多闪

2019 年 1 月 15 日，多闪正式上线并在北京召开新闻发布会。对字节跳动来说，为旗下的产品专门开一场发布会，是极其罕见的事情，更何况就连很少在公开场合露面的抖音总裁张楠也出现在了发布会上做开场致辞；另外，时任今日头条 CEO 的陈林出席圆桌讨论，同样说明了多闪这个产品的重要性。

在多闪的发布会上，让许多媒体记者感到惊讶的是，多闪的产品经理竟然是位"90 后"美女，"挺不好意思的，我不是主持人，我是多闪的产品经理徐璐冉，这个名字大家肯定从来没听过。"徐璐冉对来参加现场发布会的记者表示，她是多闪的第一个产品经理，多闪这个名字也是她取的。

对于多闪这个名字，徐璐冉解释说："很多人的一生或平庸、或美好、或普通、或闪光的点滴，我希望多闪能够帮助所有用户把这些点滴全都记录下来、展现出来，抛开压力，更真实地记录和分享关于自己的视频，连

# 第 1 章　多元化：赢在超低获客成本与精准化布局

接自己最亲密最在意的那些人。"

在随后的产品展示环节，徐璐冉通过自己的手机在大屏幕上打开多闪，一边熟练地操作，一边对台下的记者介绍产品的功能。通过徐璐冉的现场演示，我们可以看到，这款名为多闪的 APP 界面简洁，产品的三个主要功能分别是消息（聊天功能）、拍摄（随拍）和世界（附近、可能认识、人气随拍的视频内容聚合）。在视觉语言和交互的底层逻辑上多闪与抖音保持高度一致。

在多闪上线之初，这款产品给用户的体验更多像是作为抖音的侧翼而存在，比如多闪只支持由抖音号登陆；又比如聊天消息与抖音是打通的，但多闪专属的表情包斗图、视频、红心和明显瞄准春节着力推介的视频红包在抖音都不识别，仿佛是在说："抖音用户想获得'完整'的沟通体验，就来多闪吧。"

2020 年 1 月 21 日，微信向部分城市的用户灰度测试了一个重量级的版本：在"发现"这个一级入口，出现一个全新的产品——"视频号"。而 1 月 21 日也是微信上线 9 周年的日子，选择在这个节点发布新产品意义也非比寻常。时至今日，微信已经 9 岁了，这款自 2011 年 1 月发布会的即时通信软件，如今每个月享有 10 亿活跃用户，是全球社交软件当之无愧的"领跑者"。但是，随着时间的推移，微信的用户规模也将要触碰到天花板，从 2018 年开始，微信的新增用户的速度明显放缓，一些用户甚至关闭了朋友圈，这令"微信之父"张小龙深感焦虑，不得不殚精竭虑地开发新产品吸引新用户，例如"视频号"。

对于年轻的多闪而言，微信所面临的这些问题，正是自己的机会所在。"社交压力"是多闪运营团队在发布产品时反复提到的一个词。徐璐冉以自身经历总结了现在普遍存在的"社交恐惧"，比如担心微信朋友圈的状态与

PART 3　拓展：字节跳动的多元化和国际化

"人设"不符、私人状态变成了工作记录，害怕分享过多的内容对别人造成困扰……因此，多闪这款产品的初衷便是希望将这一部分从熟人社交里脱离出来。在多闪的发布会现场，"90后"的徐璐冉调侃"60后"的张小龙为"龙叔"，就像9岁的微信一样，作为一款产品它已经老了，必须接受后来者的挑战。

目前，国内还没有形成视频社交的土壤。相比注重沟通效率的图文社交，视频社交更偏向于娱乐社交与场景再现。就目前来看，拥有数亿用户的巨头们对视频社交的态度仍然相对保守，多以填充或者修正的方式进行着缓慢尝试，并没有形成头部产品。例如，微信在2019年元旦推出的"时刻"视频就是属于补充的角色。不过，对于月活10亿体量的微信来说，任何一个微小的改变都需要十分谨慎。但对于"90后"徐璐冉及其背后年轻的多闪团队来说，却拥有很多试错的时间与机会……

### 直播带货——抖音直播

2018年，淘宝率先开启了"直播带货元年"，直播带货开始发力，逐渐发展成为电商在新时代的新产业；到了2019年，在5G网络及配套硬件（5G智能手机）的作用下，直播带货呈现出了极强的爆发性，一个千亿级的新市场正缓缓在人们眼前浮现；而在2020年初，一只突如其来的"黑天鹅"闯入人们的视野，更加快了直播带货的发展。新冠疫情期间，多个行业受到影响，不得不转换思维自救，依靠直播带货在线上寻求机遇。在央视、《人

## 第1章 多元化：赢在超低获客成本与精准化布局

民日报》等官方主流媒体的报道中，直播带货再度升温，互联网用户跨入"全民直播"时代。一时之间，朋友之间见面似乎都不再询问"吃饭了吗"，而是与时俱进地问一句："最近直播了吗，现在有多少粉丝了？"

直播带货已经形成野火燎原之态席卷大江南北，抖音自然不会错过直播这个风口。事实上，抖音早在2018年便推出了直播功能，但当时只有粉丝超过一定数量的优质创作者才有资格申请开通直播间。对于抖音而言，2018年的直播功能更像是试水和做直播间的压力测试，同时也为日后全面开启这项功能做铺垫。在接下来的一年多时间里，抖音虽然逐步降低了开通直播间的条件，让更多短视频玩家加入直播行列，但总体而言，抖音在2019年直播方面的表现并不亮眼，只能说是不温不火。直到2020年4月初，罗永浩签约抖音做直播开始，抖音直播业务才开始异军突起，并创造多次直播"名场面"。明星下海，网红带货，有人一夜收入千万，有人短短几天收获百万粉丝，热闹非凡。

抖音直播带货的头部主播，他们每场直播庞大销售额的背后是由无数观众"买"出的新风口。2020年上半年，全球爆发的新冠疫情令线上销售火热升温，直播带货成为商家营销的新利器以及电商销售模式的强劲增长因素，同时它也在深度改变大众的消费习惯，成为新的消费文化。直播带货概念的流行，让人们在电商平台的购物行为从"人找货"，变成了"货找人"。直播电商重构了"人货场"的关系，提升了交易效率。在以往，某个厂家的库存量依靠传统电商可能需要一个月的时间才能售空，但现在，仅需要网红主播做一两场直播带货就能把库存货卖得七七八八，速度之快令人咋舌。

我们可以看到，现在直播带货市场已经成为各大互联网平台竞相争夺的热点。2020年开局，淘宝直播运营团队做出战略调整，逐步减少对抖音、

PART 3　拓展：字节跳动的多元化和国际化

快手外部流量的依赖，而淘宝与抖音自 2018 年开始的流量合作协议也因此名存实亡，双方由合作走向竞争。无论是快手还是淘宝、京东，都在倾斜资源极力培养平台内头部主播，因此，塑造用户在短视频平台的购物心智成为抖音的当务之急。

时势造英雄，前锤子科技创始人罗永浩走入了抖音运营团队的视线。据网上传闻，张楠在 3 月与罗永浩在北京的凯悦酒店有过一次会面，双方的谈话内容不得而知，但随后罗永浩便通过微博宣布自己将要入驻抖音开播的打算。

2020 年 4 月 1 日，愚人节当天，罗永浩如约早早地来到了提前搭建好的直播间内，开始了自己的电商首秀。为了给罗永浩造势，抖音官方团队几乎灌注了所有流量，包括开屏、banner（海报）与话题在内，超过 3 亿的曝光直指罗永浩的直播间。最终，创造出了近 300 万人的峰值同时在线观看人数，过亿元的成交额，全网铺天盖地的讨论声量，抖音与罗永浩双双实现了完美开局。

然而，半年之后，我们回顾罗永浩的带货之路，却发现在首播后的时间里，罗永浩直播带货的销量持续高开低走，月度 GMV 接连下滑，与首播的数据相比，销量近乎腰斩。7 月 10 日，罗永浩以"突发急性肠胃炎"为由，缺席当晚直播，其直播助手朱萧木显然独木难支，在线人数狂跌至 5 万，距离首播缩水近 60 倍。通过数据对比，基本可以认定抖音大力投入的"造星计划"已经宣告失败。值得一提的是，在 2020 年 6 月淘宝、抖音、快手主播销售额 Top50 排名中，来自抖音阵营的主播仅有演员张庭（1.3 亿元，19 位）、美妆达人朱瓜瓜（7600 万元，39 位）以及初代网红罗永浩（6500 万元，47 位）上榜。

继罗永浩的带货销量下降后，抖音官方团队并没有坐以待毙，而是将

## 第1章 多元化：赢在超低获客成本与精准化布局

目光瞄准了明星带货。2020年下半年以来，抖音邀请到包括陈赫、关晓彤、袁姗姗、王祖蓝在内共计十余位人气明星上阵带货，其中还包括了汪峰、薛之谦两位颇具影响力的歌手。不过，抖音的这次尝试依旧收获甚微。受邀直播的明星中，坐拥6900万抖音粉丝的陈赫直播首秀销售额8200万元，虽然不敌罗永浩的直播首秀，但能够取得这样的成绩也算相当不错，不过陈赫在其后的直播带货中却陷入了与罗永浩相同的境地——直播带货的销售额呈断崖式下跌，直至7月份，陈赫抖音直播间的平均在线人数仅为5.2万，单场直播销售额没有超过1000万元。

如果说陈赫和罗永浩的首秀是"出道即巅峰"，那么拥有超过3000万抖音粉丝的关晓彤则没有那么幸运了，她在6月份的抖音首秀上，带货销售额不足350万元，多款商品销量不到三位数，最终惨淡收场。由此可见，人气高并不能完全与带货力画等号。

或许是感受到了直播带货的艰难，受邀进行直播的明星有半数以上仅进行过一次直播带货，首秀之后便无下文。同时，明星矩阵的再次失利，也使抖音直播带货败局更加明显。不过这一仗，抖音输不起，因为直播电商发展到现在，已经不再是可有可无的餐后甜点，而很有可能成为短视频战场的战略转折点。

在抖音团队发展直播带货业务陷入僵局的时候，京东与快手达成战略合作的消息却犹如一枚重磅炸弹，在电商圈子里掀起滔天巨浪。同时，也令直播业务停滞不前的抖音体会到了什么叫作"雪上加霜"，京东与快手的联手使得之前京东与抖音的合作关系也随之弱化。在电商业务上，缺少了淘宝与京东这两大合作伙伴，可以说现在的抖音基本上是孤立无援了。在这场电商直播之战中，抖音已经被逼到了墙角，要么绝地反击，要么战略撤退，总之留给抖音考虑的时间已经不多了。

## PART 3　拓展：字节跳动的多元化和国际化

在字节跳动内部，关于抖音拓展电商业务的策略会议上，张一鸣始终没有出现过，或许对于张一鸣而言，抖音只不过是字节跳动所有业务当中的一小部分。实际上，从张一鸣多次公开发言来看，他似乎更关心的是头条的国际化业务。我们必须承认一点，张一鸣是互联网行业里公认的"技术天才"，但技术再强悍的天才也终究是人，他也会有困惑、迷茫、精疲力竭的时候。张一鸣无法顾及公司里的每一项业务也很正常，又或者在电商业务之上，他正筹备着一项更大的计划，正如他曾经在接受采访时所说的那样："当初各个公司都在围绕一些旧战场或过渡战场在竞争，没有往前看。他们还是太迷恋旧的战场或者旧的事物。这会影响看新事情的注意力。"也许，当直播带货的热度下降时，字节跳动在张一鸣的带领下推出另一个引领风口的玩法也犹未可知，毕竟，天才们的想法，寻常人是无法企及的。

# 第2章

## 国际化："火星视角"下的全球梦想

2020年8月4日，张一鸣发表了一封内部信，主要目的是回溯近况，鼓舞士气，除此之外，张一鸣还特地强调了字节跳动员工在工作中要具备"火星视角"，以一个火星人的视角看待不同国家的文化差异，并思考如何能在其他国家拓展业务，继而推进字节跳动国际化。

PART 3　拓展：字节跳动的多元化和国际化

## 张一鸣亲自挂帅推动国际化

2020年初，在字节跳动成立8周年之际，公司内部同时迎来了组织结构全面升级：自3月12日起，张利东将担任字节跳动（中国）董事长，将具体负责包括字节跳动中国的战略、商业化、战略合作伙伴建设、财务和人力等；抖音CEO张楠将担任字节跳动（中国）CEO，将全面协调公司中国业务的产品、运营、市场和内容合作，包括今日头条、抖音、西瓜视频、搜索等业务和产品。两人均直接向张一鸣汇报工作。

而张一鸣则在写给公司全员的信件《字节跳动8周年：往事可以回首，当下更需专注，未来值得期待》中表示将字节跳动中国业务交给张利东和张楠后，自己将亲自挂帅出征海外，领导公司全球战略和发展，更专注于长期重大课题的探索和战略思考，包括国际化企业管理研究、企业社会责任，以及教育等新业务方向。同时，张一鸣会花更多精力完善字节跳动全球管理团队。

事实上，将字节跳动打造成国际化企业对于张一鸣而言是一个非常复

## 第 2 章　国际化："火星视角"下的全球梦想

杂且充满挑战的命题——从海外用户需求的精准抓取，到海外文化的深度适配，再到海外团队的组织管理，每个环节都有可能成为阻碍公司走向国际化市场的关键点。在字节跳动主张公司国际化的探索历程中，可以看到张一鸣一直是抱着"技术出海"的思路来做海外业务推广，他想通过统一的技术方案，为全球用户提供一致的产品体验。

在 2018 年，张一鸣与清华经管学院院长钱颖一进行讨论时曾发表一个观点："技术和推荐系统可以通用，配上一定的运营本地化，就可以适应当地，这就像是杯子和饮料的关系。"同样的杯子可以装不同口味的饮料，这是字节跳动在推进国际化时摸索到的合理基点，TikTok 这款产品之所以能够成功，最基础的一个条件就是：字节跳动在开展国际化的业务中遵循了同一种产品逻辑，并辅以深度的本土化内容和用户运营，通过不断完善精细化的运营和算法分发满足内容消费端。

虽然字节跳动成立不过才 8 年时间，但布局海外却已拥有 5 年历史。与国内一众老牌互联网巨头相比，字节跳动拓展全球市场的进取之志，显得尤为突出。对于全球资讯领域，字节跳动的策略是从印度和印尼这样的新兴市场起步，然后逐步推进到欧美发达市场。资讯平台领域的经验，让字节跳动海外开拓更为自信，同时也更加迅捷。从多个角度来看，字节跳动非常有希望在全球广告市场中崛起，但这个过程注定不会轻松。

2018 年 11 月，Facebook 发布了一款与 TikTok 产品功能几乎相同的应用程序 Lasso，明显就是为了阻击字节跳动。而在 2019 年 7 月的内部会议上，Facebook 创始人扎克伯格再次强调，TikTok 已经成为其主要竞争对手之一。包括 Facebook、Alphabet 在内的许多海外强敌都已经对这个来自东方的强大对手产生了警惕，字节跳动想要取胜变得更加艰难。

与此同时，北美市场正在尝试通过相关法案阻止 TikTok 的快速拓展。

PART 3　拓展：字节跳动的多元化和国际化

2019 年 11 月，TikTok 就曾因"信息安全"受到质疑，被纳入美国参议院听证会讨论；2020 年 3 月，再次被纳入听证会。强敌阻击、市场监管、叠加疫情影响，当前字节跳动面临的海外市场局面堪称错综复杂。不过面对难题，字节跳动显然没有退缩之意。

在张一鸣宣布出任全球 CEO 之前，字节跳动就已经凭借高薪从诸多海外顶级公司邀请到高管加入字节跳动，以应对全球市场的各种挑战。

自张一鸣出任全球 CEO 之后，字节跳动明显在加快海外市场管理、运营与国内的分割。除张一鸣本人将工作重心转移到海外市场，以及聘用更多的海外高管外，2020 年下半年字节跳动还低调采取了一系列行动，逐步将国际业务的决策与研究职能部门转移到海外。同时，字节跳动也在建立海外独立的流量，国际版产品的内容由海外人员审核，最大限度地符合海外监管要求。相信 2020 年充满不确定性的国际市场难不住字节跳动，毕竟它还处在高速成长期，发展的潜力和动力依然充足。

## 要求公司高层学习英语

南开大学毕业的张一鸣的英语成绩并不是很出众，这倒不是说南开的教学质量不过关，最主要的原因是张一鸣上学那会儿整天忙着编程和组装电脑，很少有时间背英文单词。而且毕业以后，张一鸣所从事的行业和英语也不是很搭边，作为一个"合格"的程序员，他对英语的需求仅仅只是停留在看懂编码和阅读文档。但是，随着字节跳动逐步走向国际化，他的

## 第 2 章　国际化："火星视角"下的全球梦想

英语储备显然不够用了，因此他在 2017 年时给自己立了一个小目标，那就是把英语学好，至少能够在商务谈判中听懂对方在讲什么。

从张一鸣下定决心学习英语时起，他的兴趣爱好也随之发生了一些转变，他会经常花很多时间去阅读一些英文著作，同时在一些商务谈判中，尽量用英文跟一些国际伙伴交流。在之后的两三年时间里，张一鸣的英语水平果然有了明显的提升。张一鸣不仅要求自己多讲英语，同时他发动公司高层一起学英语。

2018 年 10 月，央视著名主持人张羽离开中央电视台，加入了字节跳动，担任字节跳动副总裁。在张羽刚入职的时候，张一鸣就主动邀请他参加自己组织的"英语学习班"，张羽盛情难却，于是，这个英语学习班里又多了一名新成员。既然是学习班，必然有小团队的目标和活动，学习班的目标不必多说，当然是努力学习英语，至于活动，则一般是"食堂会议"。

在字节跳动的食堂，学习班的成员偶尔会聚在一块进行讨论，聊天的内容基本上都是跟如何提高英语水平有关。有一次，英语班又在食堂开会，聊着聊着，张一鸣突发奇想，想让大家都"秀"一下英语，以此来检验一下近期的学习成果。测试按照职位高低进行，刚被任命为字节跳动中国区董事长的张利东首当其冲。学习班的其他成员都为张利东捏了一把汗，心想："利东啊，你一定要顶住压力啊！"

不过由于接到临时开会的通知，最后"测试"还是被取消了，但从这些细节可以看出，张一鸣下定决心去做的事情，就一定会投入很多时间和精力去做。

当然，想要将字节跳动带上国际化的轨道，张一鸣要补的课可不止英语一门。与李彦宏、王兴等互联网公司的掌门人不同，张一鸣在创立字节跳动之前并没有海外的工作、生活经历，他对硅谷的真实感知也相对较晚。

## PART 3　拓展：字节跳动的多元化和国际化

2014年9月，张一鸣跟随极客公园的一个活动来到硅谷，同行的还有一些互联网行业的创业者。他们参观访问了Facebook、Google、Airbnb等公司，见到了雅虎公司的创始人杨致远。一行人向杨致远提出了很多问题，杨致远选了几个问题做了简短的回复。这是张一鸣与硅谷精英的首次亲密对话。

之后，硅谷之行的领队询问张一鸣他们还想参观哪家公司。张一鸣想了想，没有说话，但他内心其实非常想去苹果公司看一看。张一鸣上大学那会儿就非常崇拜乔布斯，《乔布斯传》他读了不下三遍，后来自己出来创立字节跳动时，公司不按事业部设立组织架构的想法就是从《乔布斯传》中获得的启发。

很快，这次的活动就结束了，在离开美国的前一天，领队带着众人参观了金门海峡大桥，眼前波澜壮阔的景致对张一鸣带来了极大的触动。张一鸣站在岸边凝视许久，这一刻，没有人清楚他心底的想法，只是在回北京后，他便大胆地做出了预判："字节跳动的黄金时代即将来临。"

### 今日头条海外版 TopBuzz

今日头条海外版叫作TopBuzz。TopBuzz成立于2015年，是字节跳动为开展海外业务所推出的第一款产品。

TopBuzz于2015年8月上线海外各大APP平台，面向海外用户提供个性化资讯，涵盖图文、视频和GIF等，覆盖搞笑、热点、美食、生活方式等多个领域。用户可以通过TopBuzz了解最新的资讯，同时也能够通过在

## 第 2 章　国际化：“火星视角”下的全球梦想

TopBuzz 上分享内容，找到跟自己志同道合的好友。但或许是"水土不服"的原因，TopBuzz 刚推出的时候并不像国内的今日头条那样受网友欢迎，这种情况一直持续到一年后的 Buzz Video（西瓜小视频海外版）上线，作为 TopBuzz 延伸产品，Buzz Video 专注于提供海量个性化视频和 GIF。

Buzz Video 推出的时机，正是短视频在全球范围刚兴起的时候，Buzz Video 很快俘获大量用户，同时也使 TopBuzz 得到了更多的曝光，Buzz Video 和 TopBuzz 这两款产品的下载量节节攀升。

在 2017 年 12 月，TopBuzz 的下载量在美国的 Google Play（安卓官方应用商店）短时内蹿升至新闻榜第一，总榜前 50。而根据 APP Annie 发布的数据看来，截至 2018 年 1 月，TopBuzz 和 Buzz Video 在 Google Play 的累计下载量分别为 3236 万和 2036 万，通常来讲，这种飙升的数据曲线在以往几乎只能在某些爆款游戏上才能看到。结合头条 2017 年年末投资直播平台 Live.me，收购新闻聚合平台 News Republic，全资并购短视频平台 Musical.ly 的资本动作，可以做出基本判断，张一鸣心中那座能够观测世界的"巴比伦塔"已经打好了扎实的地基。

在 TopBuzz 和 Buzz Video 这两款产品成功打入海外市场后，字节跳动趁热打铁，又相继推出了 BuzzQA 和 Beat the Q 等产品，通过头条在国内成熟的产品模式和推荐算法，TopBuzz 在产品路径上紧密跟随今日头条的功能矩阵。

在内容提供上，TopBuzz 同样是作为内容聚合平台，整合各类媒体信息在一个平台上，系统将收集用户的行为数据，利用智能算法给用户推送相应的文章，同时用户可以通过关注来订阅各家媒体的信息。

在产品宣传上，TopBuzz 从 2017 年起开始寻找优秀的内容提供者，特别是在 YouTube 等内容平台上花了很多精力来邀请创作者入驻，创作者在

## PART 3　拓展：字节跳动的多元化和国际化

TopBuzz 平台上注册并签约后，可以将 YouTube 等网站的账号绑定至平台，平台可以获取到他过往发布的全部视频并发布在 TopBuzz 上，之后 TopBuzz 会与短视频创作者根据内容点击量等方式分成。

在创作者的选择上，TopBuzz 主要选择 YouTube 上相对播放量较小的创作者。这些创作者本身变现能力一般，TopBuzz "开辟新的营收渠道" 的说法对这些创作者颇有吸引力，于是诸多中小创作者选择 TopBuzz。通过这种分成方式，字节跳动完美地解决了 TopBuzz 原生内容的供给问题。本土内容齐备，产品交互和数据算法继承今日头条，TopBuzz 在经历了近一年时间的沉寂后，终于找到了自己的节奏，一路高歌猛进。在 2017 年底的 Google Play 年度最佳应用评选中，TopBuzz、Buzz Video 分别获选巴西年度最受欢迎应用和美国年度最受欢迎应用。TopBuzz 所取得的成绩有目共睹，在那一年的年会上，张一鸣重点表扬了 TopBuzz 产品团队，并寄希望 TopBuzz 产品团队能够再接再厉，在海外稳步发展。然而，令所有人都意想不到的是，一年之后的 TopBuzz 的确保持着良好的发展势头，可所有的荣耀却被字节跳动旗下的另一款产品夺走了，它就是以黑马之姿横扫各大 APP 榜单的 TikTok，也就是国内网友口中俗称的 "抖音海外版"。

### 抖音海外版 TikTok

TikTok 是字节跳动旗下短视频社交平台，于 2017 年 8 月正式上线。时至今日，TikTok 已经在洛杉矶、伦敦、东京、首尔、新加坡、莫斯科以及

## 第 2 章 国际化:"火星视角"下的全球梦想

中国的上海和北京等地设立全球运营办事处,在数十个国家设立了办公地。

据公开资料显示,2020 年 1 月 TikTok 的下载总量在社交媒体应用程序中排名前十位,安装量近 1.047 亿,同比 2019 年 1 月增加了 46%;2020 年 2 月全球将近有 1.13 亿的 APP Store 和 Google Play 的用户下载了 TikTok,作为全球下载量最高的非游戏应用,其表现优于 YouTube、Instagram(照片墙)、WhatsApp 和 Facebook,同比 2019 年 2 月增长约 96%;而到了 3 月 TikTok 依旧领跑非游戏应用程序榜单,安装量超过 1.152 亿,比 2019 年 3 月增加 98.4%,截至 2020 年 5 月 1 日,TikTok 在全球范围内的安装量已经突破 20 亿次,这也证明了 TikTok 正在占据大量的海外市场:从 2017 年 11 月的日本 APP Store 免费榜第一名,到 2018 年的泰国当地 APP Store 排行榜第一名,再到如今的风靡全球,TikTok 无愧于出海第一 APP。

TikTok 并非在 2020 年才迎来一骑绝尘的局面。2017 年 11 月,字节跳动耗费 10 亿美元全资收购 Musical.ly。几个月后,字节跳动将 Musical.ly 与抖音海外版 TikTok 一起整合升级——双方联合推出全球短视频平台新 TikTok。Musical.ly 曾大肆流行于北美,抖音更是近几年来横空出世的现象级 APP,TikTok 在这样的双重基因加持下,迅速成为字节跳动国际化的标志性应用和最成功的海外产品。

据统计,TikTok 只用了一年时间,MAU 即突破 2.5 亿。而取得同样的成绩,Snapchat 则用了三年。在字节跳动拓展海外市场的 2018 年,社交视频应用的受欢迎程度创造了新高。当年,全球下载量最大的 10 个应用中,有 3 个是视频应用,而其中字节跳动公司就占据两席——抖音(包括 TikTok)和火山小视频(包括 Buzz Video)都榜上有名。

被张一鸣寄予厚望的 TikTok,除了不断增长的海外用户外,也在不断努力完善更加国际化的高管团队,以期完成最后的本土化转身。

PART 3　拓展：字节跳动的多元化和国际化

　　TikTok 招募到的高管包括前华纳音乐集团首席数字官奥伯曼（Ole Obermann）、前微软首席知识产权顾问埃里希·安徒生（Erich Andersen）、前 Facebook 高管布莱克·钱德利（Blake Chandlee）、前 Hulu 文化副总裁尼克·特兰（Nick Tran）以及前万事达公司高管罗汉·米什拉（Rohan Mishra）等多名互联网领军人物。可以说，字节跳动的海外高级管理层阵容相当豪华。

　　当字节跳动依靠 TikTok 在国际市场不断发展之时，海外的各大科技公司也敏锐地注意到了这个横空出世的强大竞争对手。早在 2018 年上半年的时候，Snap 的高管们就惊恐地发现，TikTok 这个曾经的大客户已经成为不可忽视的竞争对手。彼时，Facebook、Instagram 等社交产品巨头也清晰地感受到了 TikTok 用户增长所带来的压力。特别是 Facebook，迅速做出反应。在西方，Facebook 一直以来都是快速迭代适应市场的佼佼者。它努力推出自己的新社交图谱，但如果它发现任何竞争性的社交网络构成威胁，就会将其锁定并马上发布一个克隆版本。在阻击 TikTok 的道路上，Facebook 果然快速组建团队并推出了一款模仿 TikTok 的产品——Lasso，但是令扎克伯格感到失望的是，Lasso 的用户量连 TikTok 的 1% 都不到。

　　TikTok 之所以能够快速打开海外市场，除去产品自身质量过硬外，也与字节跳动豪掷千金的广告战略有一定关系。据统计，仅 2018 年，TikTok 在海外社交媒体上的广告花费差不多就花费了 10 亿美元，每天的广告支出在 300 万美元左右。"兵马未动，粮草先行"，在商海中沉浮多年的张一鸣自然懂得这个道理，在 TikTok 投放到海外市场的初期阶段，张一鸣毫不吝啬向其倾斜大量资源。

　　而在用户体验上，半数以上的用户感受到了 TikTok 和其他社交媒体的不同。无论 Twitter、Instagram 或是 Facebook……普通用户看到的内容，多是网红或者明星的生活。可在 TikTok，情况却恰恰相反，用户看到的是具有创意和有趣的视频。内容的中心不再是玩家分享自己的生活，而是玩家展示自己的创造力或乐趣。将"分享"替换成了"展示"，或许这也是 TikTok 成功的关键因素之一。

另一方面，TikTok 运营团队一年四季都在积极地与社区互动。当其他社交媒体只允许玩家上传自己的内容时，TikTok 却每天都在推动各种有趣或者有意义的挑战，这些挑战通常不太难，官方团队希望鼓励更多的玩家参与到活动中来。在这种轻松的环境下，让一些平时连照片都不愿意上传到网络的用户也逐渐愿意参与到活动和挑战中来。

任何社区都有自己的 KOL，TikTok 也一样，但 TikTok 平台一直也在照顾普通的用户，即使玩家一个粉丝都没有，该玩家所发表的视频作品也有机会被数十乃至更多的人看到。在 TikTok 自己的生态系统中，大多数时候，TikTok 打破了自己的障碍，书写着属于互联网的全新篇章。

### 面对禁用，TikTok 的命运会如何

自 2020 年下半年以来，有关 TikTok 海外遭美国政府"封杀"的事情一直闹得沸沸扬扬。白宫官员提出在美国封禁 TikTok，这令正在使用 TikTok 的视频创作者和普通用户对此感到非常惊讶。伴随 TikTok 被封杀而来的还有微软、Facebook 或其他公司可能买下 TikTok 美区业务的消息。

而在更早一些时候，包括 TikTok、Kwai（快手）、Baidu map（百度地图）、

## PART 3　拓展：字节跳动的多元化和国际化

WeChat（微信）等在内的59款中国企业的APP已被印度禁用，印度政府发言人给出的理由是"这些应用从事的活动有损印度主权的完整性、国防、国家安全和公共秩序"。

接连收到的指控和禁令，压得张一鸣有些喘不过气来，因为TikTok在国外相对来说最成功的两个市场，就是印度和美国。印度已经封禁了TikTok，而现在美国也开始拿TikTok开刀，TikTok的发展势必将遭受巨大打击。这两次事件的发生给TikTok的用户增长带来的损失不可估量。

摆在张一鸣面前的似乎只有两条路可选，要么将TikTok打包卖给美国企业，要么无限期地退出美国市场。但无论哪种选择，对于张一鸣和身后的TikTok团队来说，都是一场"滑铁卢"式的大溃败。

2020年8月4日，美国政府向字节跳动下达最后通牒，如果不能在9月15日前将TikTok卖给微软（或者其他美国公司），就必须退出美国市场。同时，美国政府还下达了另一个要求："要求收购金额的一部分充入美国国库。"也就是说，无论微软或者其他美国公司购买了TikTok，美国政府都会从中抽取一部分。

可以说，TikTok在美国正面临着生死存亡的时刻，被迫"贱卖"，还是宁折不屈选择退出？无论如何，这对张一鸣来说都将是一个艰难的抉择。无论抛售还是退守，都意味着TikTok将丢掉全球大半个市场，同时TikTok的市值也会大幅缩水；而另外一边，在一旁虎视眈眈的Facebook绝对不会错过这个千载难逢的机会，在TikTok退出美国市场后肯定会想尽一切办法抢夺短视频市场。

我们知道许多行业，尤其是互联网公司的发展，时机往往非常重要，一旦踩对了节奏很有可能就会成为某个领域的领航者，若是TikTok最终的

## 第 2 章 国际化："火星视角"下的全球梦想

选择是退出美国市场，那么 Facebook、谷歌以及微软等大型互联网公司肯定会第一时间出手，去掠夺 TikTok 曾经培育出来的市场。到时候，TikTok 再想翻身就很难找到合适的机会了。

此外，字节跳动的"老朋友"快手在 2020 年也踏上了国际化的征程。5 月，快手在美国的 APP Store 发布了一款名为 Zynn 的短视频应用，该 APP 竟然付钱给用户来观看内容和招募其他用户，效果立竿见影。上线不到一周就冲到了娱乐类榜单的第 32 名。之后，Zynn 的名次开始疯狂上升。在 5 月 27 日那天，Zynn 的下载量不仅超过了短视频王者 TikTok，还力压视频会议软件 Zoom，成为美国 APP Store 总榜和娱乐类榜单的双料冠军。据国外数据网站 Sensor Tower 提供的数据，Zynn 发布一个月就成为美国下载量最高的 iOS 应用，被视为 TikTok 的有力竞争对手。这是极为罕见的一幕：在全球互联网的竞争中，越来越多的中国企业开始出现在国际化的舞台上，而它们的目标只有一个，就是超越 TikTok。

PART 4

运营之光:

张一鸣的商业策略与智慧

作为创业公司，企业 CEO 不仅要学会从根本上解决各种各样的问题，在看得见的空间里追求极致的商业策略，同时还要有"先求活，后图扩"的生存智慧。不论是今日头条的创始，还是抖音的成功，张一鸣和他的团队永远在追逐梦想的道路上破浪前行，他们正依靠着别出心裁的商业智慧，一点一点地影响着全球移动互联网的未来。

# 第1章

## 独特新颖的商业理念

2020年11月4日,DoNews消息称,字节跳动的员工数量已突破9万人。相较于三年前,公司正式员工的数量翻了不止20倍。这成了外界认为字节跳动善于管理的重要因素——看,字节跳动疯狂招聘,企业运转不但没失控,反而做成了抖音。但事实可能恰恰相反,正是因为没怎么在管理上花功夫,尤其是避免那些让员工循规蹈矩的管理,才让字节跳动取得了重要的商业进展。事实上,字节跳动唯一需要管理的,可能是如何让员工更快速高效地达成目标。

PART 4　运营之光：张一鸣的商业策略与智慧

## 把公司当作一款产品来运营

"Develop a company as a product."，把公司当作一款产品来运营，这是 2015 年 11 月 7 日，张一鸣在其个人微博上发布的一句话。几年来，随着字节跳动不断推出今日头条、抖音、西瓜视频等多个爆款产品，公司估值一再走高达到 1000 亿美金，而这句话也在互联网行业广为流传，甚至成为张一鸣的管理名言。

不少人都听过这句话，但又很难讲清楚它该如何执行。毕竟，张一鸣为人低调，很少在公开场合对这句话做更多解释。但是，如果结合张一鸣治理字节跳动种种实践的细节，我们或许能够窥见一斑。

2020 年 3 月 12 日，当字节跳动来到 8 周年的时间节点之时，张一鸣在给全体员工的公开信里，再次提到了"Develop a company as a product."这句话。仅仅 8 年时间，让这个最初在知春路锦秋家园的民宅里走出来的小团队，因相继推出各种爆款 APP 而声名鹊起，发展到现在，员工团队即将突破 10 万人。在这个过程里，张一鸣的管理理念看上去始终没有改变：把一家公

第 1 章 独特新颖的商业理念

司当成是一款产品，想办法把公司这个产品运营得更好。

不得不说，这是一项非常艰难的工作。毕竟，过去很多真实存在的案例告诉着人们：大量公司在团队快速扩张时，会遭遇管理困局与理念变化。那些运营状况良好的公司与运营停滞甚至倒退的公司之间，相差的并不仅仅是表面上的数据，还有可能是 CEO 在对公司运营上理解的悬殊。

在创立字节跳动之前，张一鸣的几次创业经历，让他对如何运营公司有过不少深度思考，同时，也令他在管理字节跳动时拥有了更多启发和经验。当张一鸣创立字节跳动时，一个逻辑清晰且严谨的管理理念完整地呈现在他眼前："创业其实是同时在做两个产品：一个是为用户提供服务的产品；另外一个产品就是公司，而 CEO 就是公司这个产品的产品经理。"

那么，如何将公司这款"产品"运营得更好？几年来，张一鸣通过亲身实践给了我们答案。

第一，减少规定和审批。

在张一鸣的坚持下，字节跳动不允许部门随便颁布规定，即便不得不有规定，张一鸣也希望规定非常简单，不允许有长达几页纸，非常难执行的规定。要减少审批，甚至希望尽量不要审批。

第二，组织结构灵活，拒绝领地意识，能灵活调整汇报关系。

张一鸣在公司内部一直强调，汇报关系只是汇总信息的一种方式，只要业务需要就可以随时调整。如果字节跳动有一个项目非常重要，那么公司可能需要市场部的同事都支持这个项目，而在这段时间里，这个项目的主管也会是市场部同事的主管。

第三，弱化层级与职称。

在张一鸣看来，字节跳动正面临着一个巨变时代，外部是一个不断变化的环境，公司需要及时对外部环境做出响应。平等的畅所欲言的氛围非

151

### PART 4　运营之光：张一鸣的商业策略与智慧

常重要，敬语是形式化的东西，它会有心理暗示。为了避免形式感给基层节点带来压制，字节跳动有意识地弱化层级，首先是内部不允许喊"老大""某某总""老师"等称呼，因为这种称呼一旦出来之后，很多想法就可能不会涌现出来了。因为在发言前，员工可能会倾向于先听听"老师"有什么意见，自己不能先说出来。

同时，字节跳动内部也没有职称带来的日常可见的待遇区别，比如什么样的人配备什么样的电脑；什么样的人配备什么样的办公桌。在字节跳动所有人的差旅补贴也都是一样的，包括张一鸣也是。张一鸣认为，公司日常管理如果不从这些细节入手，可能还是会给人带来层级感，进而影响其他同事发表意见。

第四，字节跳动鼓励内部信息透明。

张一鸣鼓励群聊，各部门之间充分沟通，他不提倡一对一的沟通，因为他认为一对一地沟通效率很低。如果有新加入的同事或者高管希望和张一鸣一对一地沟通时，张一鸣也经常会说"你可以抄送给我，但你首先要发给其他人，发给需要和你配合的人"。

此外，字节跳动始终让管理层的OKR（目标与关键成果法）对下属员工保持公开，让大家知道管理人员此刻在做什么，为什么在做这个事情，其他部门的人在做什么。OKR的制定过程也不是自上而下的分解，而是大家互相之间自己对齐，了解目前公司最重要的任务是什么。另外，公司还会经常举办CEO面对面，张一鸣会在这个会议上回答员工的提问，让大家了解公司的进展。

第五，构建一个好的内部协作系统。

截至2020年1月，字节跳动拥有将近100个人的内部工具开发团队，做各种工具尝试。比如内部开发了OKR系统，并且和内部使用的IM打通，方便大家互相查看。在张一鸣看来，这些基础工具，首先可以让人更轻松，其次可以规模化。当有新人加入公司时，也能很快地适应 OKR 系统，从内部获取信息。同时，也能使新员工意识到，自己不仅仅有获得信息的权利，也有支持相关工作的责任。这样的实践，在张一鸣看来，更容易构建公司内部协作系统，从而让这个系统分布式处理的能力更强。

## 和优秀的人做有挑战的事

张一鸣刚从南开大学毕业那会儿，心中建立了一个标准：要和优秀的人做有挑战的事。张一鸣当时只有一个感觉，自己往后要做有意思有挑战的事，和优秀的人一起做。并且在实践的过程中，张一鸣也总结出了一个规律——你跟优秀的人共事，相处得更多，你就进步得很快，提高得更快。

张一鸣发现自己创业时的社会环境，跟在二十世纪八九十年代的社会环境真的不一样了。比如，现在已经很少听到"做生意"这个词了，更多的人开始讲"创业"，创建自己的事业、自己的公司，打造自己的产品。另外，"跑项目""找资源"这种词的频率也已经在逐年下降了。同时，张一鸣在上小学、中学时看杂志报纸听得比较多的都是以"胆大敢闯"为主要特质的企业家，在他毕业后这个词语的使用比例也在下降。

张一鸣认为，一些商业术语使用的变化足以反映两个时代商业和商人的不同点，反映社会经济环境发生了很大的变化。这种变化带来的结果是新的企业出来，企业回归到提供有价值的服务的本质上，创造价值换取好

## PART 4 运营之光：张一鸣的商业策略与智慧

的收入。原来简单的配置使得很多行业效率很低，人们只要去做事都会产生效率。例如，那时我们听很多商人聊天说，"我是第一批卖电脑的""我是第一批搞外贸的"，当时很多在某个领域第一批去做的人都获得了成功。

而到了 2005 年张一鸣大学毕业的时候，他已经不可能再通过干那些以前没人去做，没人敢做，或者没人听说过的事情取得成功了。在张一鸣开始创业的时代，更多的是创业者要提供不仅是在中国，甚至是在全球都有竞争力的产品服务来打造自己的事业。

尽管张一鸣在大学时期主修的并不是经济学，但在南开这个平台上，张一鸣还是清晰地感受到了全球经济的创新趋势，同时南开优质的教育也让张一鸣的知识更新基本与全球同步。在组装倒卖电脑的那几年里，也令张一鸣认识到了，要想通过劳动高效赚钱，更多地还是要瞄准自己的核心业务，将主要精力放在产品上，就算自己不制造电脑，至少也要懂产品、懂业务。这也使得张一鸣在随后的数次创业中，一直在产品方面做得很好，产品服务的竞争力上去了，自然就会有很多合作，而不是像二十世纪八九十年代那样去"跑资源"。与之前相比，市场合作已经成为这个时代的普遍意识，想做什么，往往只需要投递一封电子邮件过去，跟对方说明自己的诉求点、合作点，不用一天，甚至几小时内就会得到回应。

张一鸣在一次内部讲话时回忆道："很多人说我要赚到第一个 100 万，一定要通过创业赚大钱。说实话，我对金钱的渴望没有特别强烈，我对做技术做产品更感兴趣。以前，我更愿意跟大我几岁的人交流，像酷讯网创始人陈华、美团网 CEO 王兴，比我大四五岁。他们是"70 后"，很多特质跟我更相近一些，关注的事也更接近。更老一代的企业家我接触得比较少，他们可能更多地关注于关系、资源，也有一些异类对新鲜事物更感兴趣。如果我们把 2000 年以后的互联网当作新经济的话，他们更多的是用他们运作传统经济的思维来面对这个新经济时代，这个思维不一定不对，因为他们的行业、企业就是这么运作的。"

移动互联网的创业一代和互联网创业一代相比，时间更短，竞争更激烈。因为移动互联网的兴起是在互联网之上，相关人才、产业条件都已经更成熟了，不像互联网兴起的时候没有几个好的技术人员，资本也不发达，经验也少。张一鸣认为自己创业的时候其实也算是一个条件很好的时代了，因为每隔一段时间就会有一个产业变化的高潮，尽管在风口出现的时候，很难说清走入风口的结果究竟是好是坏，但至少会产生很多机会。例如在2009年的时候，张一鸣开始意识到机器通过大量学习是可以逼近人在某个领域的判断力的。那个时候，他看到过很多人工智能、数据挖掘、个性化应用的产品，虽然都不是太成功，但挺有意思的，这也使得张一鸣第一次产生了做信息推荐和算法的念头，后来发生的事，我们都已经很清楚了。三年后，张一鸣与几个优秀的人一同做了有挑战的事情，创立了字节跳动。

## 推崇"直入主题的提问、回答"

与国内其他互联网公司不同，字节跳动内部并未设置 CPO（首席产品官）、CGO（首席增长官）、COO（首席运营官）、CFO（首席财务官）、CMO（首席营销官）或 CTO（首席技术官）。在张利东接替张一鸣担任字节跳动中国区董事长之前，14 名副总裁直接向公司 CEO 张一鸣做工作汇报，14 个人管辖的领域涵盖公司所有职能。

## PART 4　运营之光：张一鸣的商业策略与智慧

字节跳动是扁平化的组织架构，管理层级较少。如果像很多公司一样管理层级很多，那么信息传递的损耗会非常大，信息也容易失真。在这种构造下，普通基层员工到张一鸣之间的汇报关系只有3~4级，全公司共用技术、国际化、商业化、审核及销售团队。组织架构的灵活性决定了员工能够经得起折腾，换到任何领域都确实能把事情做好，这就是字节跳动整体的做事风格。

有一次，在CEO面对面的会议中，张一鸣公布自己近期OKR进度，他会给自己过去两个月的OKR逐项打分，没做好的地方都会直接告诉大家，对哪项业务不满意也会直言不讳，从不遮遮掩掩。在这个会议上，张一鸣会对公司的重要决策、战略方向，甚至遇到的危机做出梳理和解释。

作为字节跳动的掌门人，张一鸣一直坚持给员工们提供一个公开、公正且透明的环境，字节跳动内部推崇"直入主题的提问、回答"的工作方式。在"不要包装结果，不要向上管理、投领导所好"方面，张一鸣始终以身作则。有一次，一名员工在CEO面对面的会议上发表了一番激烈的意见，直指管理层和张一鸣对业务不重视、不关心。在会议结束之后，主持人私下找到张一鸣询问是否要把会议纪要按"原文"直接发出去。张一鸣简单思考后，当即表示同意，将会议纪要原封不动地发给部门全体员工。

在字节跳动内部，张一鸣始终鼓励员工"群聊而不是单聊"，公司文化价值观中比较核心的一点就是"坦诚清晰"，它的底层逻辑就是要员工们追求信息的高效流动。甚至于刚入职字节跳动的新员工，只要他想就能得到所有头条系的产品数据——前提是他向他的直属上级申请即可，无须更高层领导批准。

字节跳动内部的管理机制，建立在预设"人性本善"的基础之上。在其内网有一个叫社区头条圈。头条圈是内网最活跃的论坛。基本上，每天

第 1 章　独特新颖的商业理念

都会增加 1000 多条消息，5 万多个帖子，30 多万个点赞数以及近 20 万条评论回复……正因如此，全球 200 多个办公室之间可以同时跨时区、跨地域沟通。

员工们经常在头条圈里因为工作问题发生"争吵"。在工作之外，员工也会聊各种八卦新闻、侃职业生涯、教新人职场道理，要是找到兴趣相同的人，还会建立相关的兴趣小组进行群聊。

字节跳动的管理层很少将员工的吐槽当成无理取闹。从传播学角度来看，它确实在"发布—反馈"机制中做到了信息多线流通，但他们内部更愿意把这一逻辑上升到践行公司价值观上——"ego 小但格局大"。"ego 小但格局大"并非字节跳动原创，但字节跳动把它用到了极致状态。

这一思想脱胎于谷歌文化，ego 代表自我，自我越小，知识越多，格局才越大。简单来说，就是别把自己看得太重，也别搞办公室政治，多花点心思在能力提升和业务拓展上。字节跳动正是用这一方法论培养谷歌推崇的"创意精英"人才——他们对自己的想法充满信心和激情，既能保持谦逊态度，愿意在事实面前改变自己的观点，又能坚持自己独有的人格自由。

"直入主题的提问、回答"的交流方式并非字节跳动首创，但字节跳动在借鉴他山之石后，总能将不同的管理理念和方法融合在一起，相互借力，创造出公开、透明的企业办公氛围。从一定程度上来讲，在字节跳动的管理成分里，除了谷歌开放坦诚的工作方式，还有国内其他优秀互联网公司的影子。这种管理模式，以张一鸣为代表的公司高层负责做出理性战略决策，公司其他组织能够快速进入执行轨道，效率很高。

PART 4　运营之光：张一鸣的商业策略与智慧

## 做 CEO 要避免理性的自负

在字节跳动全球范围内的数十个国家的办公室墙上都挂着同一组海报，其中一张海报的内容就叫"ego creates blind spots"（自负制造盲点）。作为字节跳动的创造者与执掌者，张一鸣认为无论管理者还是员工都需要不断更新自我，只有这样才能避免理性的自负，及时应对公司发展带来的管理挑战。

拥有多次创业经历的张一鸣，在企业运营的理念上比常人具有更多的思考，他认为一家公司或者企业不是靠一两个人就能设计出来的，它是自然生长出来的，如同一棵树。而在超级公司的密林中，树木（人）与树木（人）之间通常有两种关系，一种是组织关系，另一种是信任关系，一个公司的文化作风会被这两种关系所影响。

张一鸣在微软工作期间，亲身体验过外企的轻松氛围。但在张一鸣看来，工作轻松的主要原因其实是微软（中国区）的工作效率比较低，很多时候，一个团队的投入成本都能够在外面开一个创业公司了。他们的组织关系和信任关系已经被确定，每个人不能够清楚地看到自己产生的结果，不能够清楚地体现在组织内，汇报和工作不匹配。

离开微软之后，张一鸣一直在思考怎样建立一个有效的组织，能够在公司从小变大的过程中应对管理上面临的挑战。多年以后，当张一鸣成立字节跳动时，他终于找到了这个问题的答案，即"Context, not Control"的解决方案。

"Context"表面意思是环境、情景,在这里是指决策所需要的信息集合,包括原理是什么,市场环境如何,整个行业格局如何,优先级是什么,需要做到什么程度,以及业务数据和财务数据等,就是说让团队成员更多地知道上下连接,他就会进行更多地自我驱动;"Control"表面意思是控制、支配,在这里则包括了委员会、指令、分解和汇总、流程、审批等。

字节跳动由一棵大树逐渐向一片密林发展时,Control 容易导致部门间不配合,部门冗余,专业度变差,效率低下,与"Day1"(每天都要像创业第一天那样运营公司)的管理理念相悖。不仅如此,还可能让决策层陷入极端理性自负的状态,尤其是在战略上带来问题,会因个别主管追求控制感而导致企业反应迟钝。

在张一鸣看来,Control 往往会给企业带来一些危险。人类在判断自己的理性控制能力时会有一种幻觉,对于聪明理性的人更是如此,常抱有理性的自负。CEO 们往往有过成功的经验,尤其在公司早期成功过,且 CEO 没有上级,又很少会当面被人质疑,因此 CEO 们容易觉得自己英明神武。但实际上,这些自负的 CEO 往往忽视了一点,行业是不断发展的,一个人所具有的知识虽然丰富,但在行业不断变化中依旧是有限的。

自上而下的宏大战略往往都是灾难,业界也发生过不少真实的例子。

例如,苹果公司的联合创始人乔布斯就犯过同样的错误。乔布斯在第一次离开苹果做 NeXT 的时候,他提出了一个非常理想的做计算机的模式,包括优雅的操作系统,完全"面向对象"(20 世纪 90 年代开始软件开发的一种方法)的语言,但是最终的产品销量惨淡。

国内也有很多这样的例子。很多 CEO 的理念很宏大,但在当时无论是行业还是政策环境都不匹配,最终只能以失败收场。相反,Context 强调

PART 4　运营之光：张一鸣的商业策略与智慧

集体智慧，能让充分的外部信息输入到决策层内部，做出最终决策，把指令传递给执行层，快速落实，遇到项目需求，不需要层层报批。Control 除了会带来战略上的问题，还会因为追求控制感而导致企业反应迟钝。相比 Control，强调 Context 的管理模式的好处在于：分布式运算，可以更快速地执行，充分的外部信息输入，参与感激发创造力，可规模化。

不过，张一鸣也承认，在企业发生紧急情况和面对重点项目时，在创新业务和新部门的早期以及不匹配的职位安排等方面，也需要 Control。CEO 必须做最终的决断，但又不能压制员工的创新想法。最理想的情况是，不仅管理者自己有学习机会，试错成本，还可以把成本和机会分摊给团队成员，让他们能做更多决断。

# 第2章

## 识人用人：优秀的CEO首先是优秀的HR

我们常说，HR要做到像CEO那样，懂业务、懂经营、懂管理。但在张一鸣身上，人们看到了一个CEO做到了像HR那样，懂招聘、懂员工、懂人性。在用人上，张一鸣比较喜欢真实的人。此前，他曾对媒体直言："一名优秀的CEO首先应该是优秀的HR，我以前比较保守，现在比较大胆。用人所长，只要不会对系统带来特别大的问题，我都愿意试试。"

PART 4　运营之光：张一鸣的商业策略与智慧

## 今日头条的第一 HR

在 2020 年 11 月 5 日发布的福布斯富豪榜上，张一鸣以 1848.3 亿元人民币的身价排在中国富豪第 9 位。

从白手起家到荣登福布斯富豪榜前十，张一鸣仅用了 15 年。张一鸣比别人拥有更高的智商吗？似乎并不是。张一鸣也曾在采访中表示：同期毕业的同学，比我聪明的人很多，比我能干的也很多。

这让很多人不禁产生了疑惑，为什么会是张一鸣呢？正如稻盛和夫在《活法》那本书中所说："成功的企业都有自己的配方。"同样，成功的人，也有自己的配方。那么，张一鸣又有怎样的成功配方呢？

事实上，从张一鸣最初创业的轨迹中，我们可以看到，每一次的创业，在他把方向确定好了之后，如何打造团队就成了他的首要问题。若是公司 HR 招不到合适的人才，那么即便是再好的决策，也仅仅是停留在会议室的 PPT 之上。

那么，优秀的人才队伍以及高级管理团队从何而来？纵观全球大型企

## 第 2 章　识人用人：优秀的 CEO 首先是优秀的 HR

业，无论是国外的苹果、亚马逊，还是国内的华为、腾讯，这些企业在打造人才队伍的时候基本上只有两个途径：引进和培养。而培养的效果取决于什么呢？答案是引进人才的质量水平是很大的影响因素。

因此，无论是杰夫·贝索斯还是蒂姆·库克，聪明的 CEO 都会在引进人才这一道关上下大力气。张一鸣就是这样一个 CEO，而且一以贯之。

在十多年前，张一鸣以技术合伙人的身份加入饭否的团队，并以一个管理者的角色开始组建属于自己的团队的时候，当时面临的人才短缺问题让他不止一次对自己说："每当想放低（人才）要求的时候，我就提醒自己一定不能往低走而要往高走，我们要做得出彩，而不是完成事情。尤其在早期，核心几个人的能力、素质、态度是最关键的。"

十几年后的今天，字节跳动在引进人才方面，最重磅的消息当属抖音海外版 TikTok 引进了首席执行官凯文·梅耶尔。在此前的章节中，我们曾简单地介绍过他。他曾是迪士尼流媒体业务高管，过去 20 多年间在迪士尼多个重要岗位任职。走向海外的 TikTok，既然服务的是全球，那么经营理念就不能只局限在中国高管层。同时，TikTok 也需要一个能跟世界对话，并能被世界文化所接受的面孔。因此，在选角上，张一鸣很快选定了凯文·梅耶尔。

作为巨型企业的创始人及掌舵者，张一鸣有着不可推卸的三大职责：定战略、搭班子、带队伍。不可否认，很多 CEO 都能意识到班子有缺角，也都认可应该去找人，但是在行动和时间上，这些 CEO 却投入甚少，甚至完全假手于人，自然是收效甚微。

通常，在一家公司创立之初，公司的创始人大多处于一个多面手的位置。然而，当公司逐渐呈现规模之后，如果公司的创始人还不自知应该往后退，那就会导致下面的人才出不来。在张一鸣刚创立字节跳动的时候，他也是

## PART 4  运营之光：张一鸣的商业策略与智慧

什么都要管，但他是少有的在一开始就知道自己应该干什么的 CEO。

国内互联网企业，程序员出身的 CEO，如马化腾、李彦宏、张朝阳等人都忍不住"手痒"，喜欢扑在一线写代码，张一鸣也是如此。有次周末，张一鸣在家连续写了 6 个小时的代码后，妻子问他："你现在的工作还是写代码吗？"张一鸣回复道："不是，我只是有点无聊，用写代码来消磨时间。"写代码并不是张一鸣的本职工作，对他而言，招人才是"正事"。若是翻看他早期的微信朋友圈和微博，我们可以发现张一鸣在招聘上可谓真正做到了全身心的投入。

十二月的北京，气温达到零度以下，下班后的张一鸣在干什么呢？不是在招人，就是在去招人的路上。正如他在朋友圈发布的状态那般"披星戴月，穿过风雪去面试候选人"，即使此时北京的夜空，正飘着鹅毛大雪。程序员出身的张一鸣不仅招开发岗位，别的岗位他也招，其中 UI 是他非常关注的岗位。此外，张一鸣还通过社交媒体发表过 HR 和财务的招聘信息。对于这两个岗位，张一鸣的要求是："招聘 HR，高情商，人脉多，亲和力好，上进心足；招聘财务总监，四大背景且有公司经验优先，自我要求高优先。"

2014 年，字节跳动用户爆发性增长的前夕，求贤若渴的张一鸣还曾以奖励股票或是现金的方式，让员工或是猎头推荐人才。

后来，张一鸣在年会上总结说："从 2015 年初到年底，今日头条员工从 300 多一下增长到 1300 多，肯定不都是我亲自招来的，但有不少人是我亲自沟通过的。如今，我最多的夜归也是去见候选人，有时候甚至从下午聊到凌晨。我相信并不是每个 CEO 都是好的 HR，但我在努力做一个认真诚恳的 HR。"

在招聘上，张一鸣逐渐摸清了一个道理，真正的人才光靠三顾茅庐是不够的。张一鸣曾做过一个统计，在他的招聘生涯中，至少有 10 个人让他

## 第 2 章  识人用人：优秀的 CEO 首先是优秀的 HR

基本一年一次反复发出过不同的岗位邀请。这非常符合张一鸣一直在公司会议上强调的"大力出奇迹"的方法论，即拿下一个人才，跟做好一款产品的底层逻辑是类似的，你得真的想要，然后全力以赴，穷举方法论，直指目标。

各行各业，顶尖的人才都是最稀缺的资源，就跟人们相亲一样，那些条件优秀的对象，一旦相中，你就要发动攻势。若是犹豫，对方肯定被其他人抢走。张一鸣不止一次感慨："面试感觉不错的人，心里想再考虑一下，过几天尝试和他联系，但几天后却发现对方微博进行了说明，找到新东家了。"

张一鸣始终认为 HR 是公司很重要的入口，如果想吸引到优秀的人，就需要 HR 能够释放出能量。如果求职者跟一个 HR 聊，通过 HR，求职者既看不到公司的现在，也看不到公司的未来，挑动不了优秀的人的奋斗激情，对于公司的愿景和事业来讲，那真是一件可惜的事。

张一鸣就是一位在工作中非常有能量的 HR，他特别能喊出一些具有煽动性的口号。在 2014 年今日头条深陷版权危机的时候，张一鸣的关注重点依然是招人，他在微博上是这么说的："到最有争议的公司，干最有挑战的工作，产品，技术，公关，法务，全要。"在他看来，优秀的人，最渴望的就是不确定性，因为不确定性意味着"有机会"。"最有争议"（前提是合法的，能创造价值的）和"最有挑战的"，这两个关键词都很吸引人，非常能吸引年轻的、优秀的伙伴产生共鸣。张一鸣通过虚构的能力，能让候选人真的看见，切实能感受到未来，这种竞争力其实是非常厉害的。

PART 4　运营之光：张一鸣的商业策略与智慧

## 张一鸣的三个招聘大招

作为国内移动互联网领域成长最快的公司之一，字节跳动在人才招聘上也时常碰壁。尤其是在2015年前后，字节跳动员工数量快速增长爆发之时，张一鸣在向心仪的技术人才抛出橄榄枝时，却被一些"令人郁闷"的理由拒绝了。一向文质彬彬的张一鸣终于忍不住爆发了，在微博里以过来人的经历，在产品、技术人才方面聊了很多关于选择公司标准的认知。

张一鸣十分坦诚地说："过去，经常会遇到有创业者问我'小公司相对大公司在招人方面很困难，你是以什么样的节奏和待遇挖到人的？'其实，在我看来，小公司比大公司招人不会更难。招人要脸皮厚，自己志向要高，而且经常要和你想要挖的人去聊公司的愿景目标，感染他加入，最核心的还是要配上有效的激励策略。"

什么是有效的激励策略呢？张一鸣根据过去招人的经验总结出三条心得："要提供最好的ROI（投资回报率）；保持足够高的回报天花板，能在任何时候吸引创造超级价值的顶级人才加入；公平理性地按照岗位级别评定和绩效评估来确定薪酬。"

这三条心得，我们依次逐个进行解读，首先是第一条，要提供最好的ROI。

作为公司管理者，尤其是HR，会经常接触到一个英文短语"Labor

## 第 2 章 识人用人：优秀的 CEO 首先是优秀的 HR

cost"，即"人工成本"。很多公司都将人才当成耗损的成本。尤其是有些比较节约的 HR 会想，我付出更少的代价找到一个非常适合这份工作的人，这不是挺好的吗？但他却忽略了一点，与国内相比，西方发达国家的人工成本是非常昂贵的，很多国内的高尖端人才去了国外，即便是做和以前一样的工作，待遇也会翻倍。不止中国，印度、越南、柬埔寨等国家的人工成本都很低，而发达国家的大企业即便给出这么高的薪水，发展得仍然很好，核心的原因是，那些大企业会通过合理配置优秀的人才，使公司获得更高的回报。所以关键不是看人工成本，而是看人才能否获得高回报和产出。

张一鸣也非常注重这一点，因此字节跳动的核心也是要通过配置好的生产要素，让公司有最高的 ROI，并且给每个人提供好的 ROI。张一鸣一直和 HR 部门说："我们希望 pay top of the market（支付市场最高工资）。我们主动要求 HR 部门至少每年要对市场薪酬做一次定位，保持市场薪酬在业内领先。当然如果人力成本很高，反过来也要求公司必须能把这些人配置好、发挥好，所以这会是一种进取的姿态。"

第二条心得，保持足够高的回报天花板，能在任何时候吸引创造超级价值的顶级人才加入。

张一鸣在招人的过程中，经常听到有面试者说："字节跳动已经发展得比较久了，最好的加入时机错过了。"

张一鸣对此不以为然，他觉得"发展得比较久了"是一个相对的说法，就比如成立 5 年的阿里巴巴和腾讯，它们是早期还是晚期？它们在后来的发展中也都有超过 100 倍的增长。再比如，2010 年的阿里巴巴和腾讯，它们是早期还是晚期？可在后来的 4 年时间里，这两家公司也有超过 20 倍的增长，这个速度绝对比大部分创业公司快。因此，"早期"或是"晚期"的定义都是相对的，公司未来的发展空间大小才是绝对的。

PART 4　运营之光：张一鸣的商业策略与智慧

另外，一般初创的公司，例如华为都使用期权激励或者股权激励制度，给高级工程师很高比例的股权或是期权，但是随着公司的发展，后期肯定给不出高的相对比例，因为公司规模大了，人才也多了，那么如何解决这个问题呢？张一鸣对此的看法是，期权或是股权并不是最关键的，期权或股权无非有可能获得超额的回报，有可能财务自由，核心其实是有没有机会为员工提供超额回报。所以，字节跳动将激励放到提高年终奖的比例上，而且是让人震惊的比例。张一鸣曾在公司内部会议上说："希望有表现非常突出的人一次性拿到 100 个月（月薪）的年终奖。"张一鸣之所以这么说，是想证明任何时候加入今日头条，回报都能非常非常高，并且平台资源非常好。

第三条心得，公平理性地按照岗位级别评定和绩效评估来确定薪酬。

字节跳动曾做过一次市场统计，发现薪酬和表现相比，经常会出现各种形式的溢价，熟人溢价、新人溢价、资历溢价等。所以，字节跳动开始按岗位级别定月薪，岗位级别代表他在这个专业领域的稳定产出。

但字节跳动从不让业务主管插手薪酬工作，业务主管的职责只能参与定岗。而定薪的工作则会交给 HR 来做，HR 会根据岗位级别，综合当前这个阶段的供求关系、竞争激烈程度来给出薪资标准。

另外，字节跳动会把每年年度的复盘当成一次重新面试——如果这个人重新加入，公司会给他开一个什么样的入职条件？如果 HR 发给他一个特别高的入职条件，那么 HR 就要考虑给他大幅度增加薪酬，因为他快速成长了；可如果在重新面试时，一名员工的能力比较欠缺，HR 是否还愿意给他发录用通知呢？因为字节跳动内部的关系不仅是业务关系，人与人之间还会产生更多的熟人溢价，所以张一鸣要求各级主管在招聘这件事上要非常理性地看待，给所有的面试者提供一个良好的、公平的环境。

# 第 2 章　识人用人：优秀的 CEO 首先是优秀的 HR

## 喜欢招聘朴素的"小鲜肉"

俗话说得好："泥人也有三分火气"，作为一个有骨有肉的活生生的人，张一鸣也有自己的脾气。在 2019 年字节跳动 7 周年庆典的现场，一直隐忍的张一鸣终于爆发了，在演讲中"炮轰"了公司的 HR 部门。他说："有一天我看到咱们 HR 写的招聘 PM（项目经理）的 JD（Job Description，指岗位介绍和工作职责描述），特别生气。有一条竟然写着：'有五年以上互联网产品经验，具有日活千万量级以上的产品规划和产品迭代实施经验。'我跟这个 HR 说，按照这个要求，陈林、张楠，我们公司一大批 PM，一个都进不来，连我自己都进不来。别说千万 DAU 产品了，他们加入前，连百万甚至十万 DAU 的产品也没做过。"

张一鸣语气严肃地强调道："很多同事加入我们公司的时候并没有光鲜的背景或者很好的履历，公司的产品经理，有设计背景的、运营背景的，还有代码写不好的工程师转岗的。也许有人倾向于招背景光鲜的男神女神，但咱们更爱朴素的'小鲜肉'。我们招人一直秉承的观念是找到最合适的人，特质是不是真正契合，关注人的基本面。学校、相关经历、头衔都没那么重要。写这样的 JD 很容易，本质上是偷懒，要发现人的特质才是困难的。也许暂时做不到最好，但要一直保持从根本上解决问题的心态。不管是做公益、搞装修，还是招人。"

PART 4　运营之光：张一鸣的商业策略与智慧

作为字节跳动的创始人，张一鸣为何要在公司 7 周年的年庆内部演讲上公开怒怼自家的 HR 呢？答案很简单，在字节跳动成立 7 周年之际，今日头条作为一个国民级应用，在公司招人上却犯了最低级的错误。

张一鸣的这段话虽然略显严苛，却道出了许多企业管理者的心声：企业招聘是要找到最合适的人，学校、经历、头衔等硬性条件都是充分不必要条件，真正的契合点在于人的特质。

那么，究竟如何定义"最合适的人"呢？张一鸣此前在接受采访时曾表示自己比较认可"5C 最佳匹配理论"（如图 6 所示）：

图6　5C最佳匹配理论

从张一鸣推崇的"5C 最佳匹配理论"的角度来看，真正的人岗匹配的确不是满足"985/211 院校毕业、五年以上工作经验"等看似合理的招聘条件，而是一名人才更深层的东西与公司是否契合。事实上，在著名商业杂志《经济学人》里早就有人发文指出，目前在企业招聘中，普遍存在几种糟糕的现象，并分析了其背后的原因。

## 第 2 章　识人用人：优秀的 CEO 首先是优秀的 HR

第一，企业对招聘流程缺乏监督。

根据国外一所著名的商学院在 2018 年的一项关于招聘方面的调查结果显示，只有 3 成的美国企业会检查他们的招聘流程能否培养出优秀的员工。而当企业被问到为什么不跟进监督招聘的有效性时，最常见的回答却是，衡量员工的表现太难了。

第二，比起提拔内部员工，大部分企业更愿意花大量精力招聘外部员工。

尽管研究表明，在同一职位上，外部招聘要比内部招聘多花三年时间才能取得同样的成绩。而且，企业对内部员工能力的了解肯定要多过对外部员工的了解。但他们仍然更青睐外部员工，并且向企业之外招聘的员工提供更高的薪水。

第三，企业很少聘用那些积极找工作的人，他们的目标反倒是吸引那些不想跳槽的"被动"求职者。

这样的做法不但费劲，而且成本也更高。毕竟，对目前工作感到满意的员工，可能需要更大的动力才会想要跳槽。

此外，国内很多 HR 在招聘的时候，总是习惯在网页上随便搜索一个岗位职责，然后复制粘贴，至于招聘的效果，鲜有人考虑。

我们都知道，招聘工作的好坏直接决定企业的成败，招到对的人，企业才能流进新鲜血液，才能发展下去。字节跳动能够高速成长，得力于张一鸣一直以来对于招聘工作的高度重视，这就是为什么张一鸣在参加各种会议之余，会亲自参与招聘工作的原因。

PART 4　运营之光：张一鸣的商业策略与智慧

## 把自驱力高的人放到关键处

2015 年，张一鸣在一次采访中被问到一个关于"自驱力"的问题："如果企业中一部分人自驱力很高，另一部分人缺乏自驱力，对这部分人员你会怎么做？为什么？"

张一鸣给出的回复是："把自驱力高的人放到关键节点上去，让自驱力高的人拉动自驱力低的人，让自驱力低的人看到自驱力高的人的成功。"

什么是"自驱力"？顾名思义，自驱力就是"自我驱动的力量"，与外界环境没有丝毫关联（如图 7 所示）。"自驱力"放到职场上，是指对于工作，在没有领导要求、绩效考核的情况下，员工也会自觉、高效、高质地完成，也就是说，员工会对自己发出要求，在什么时间范围内，以令自己都感到满意的质量完成并提交工作。

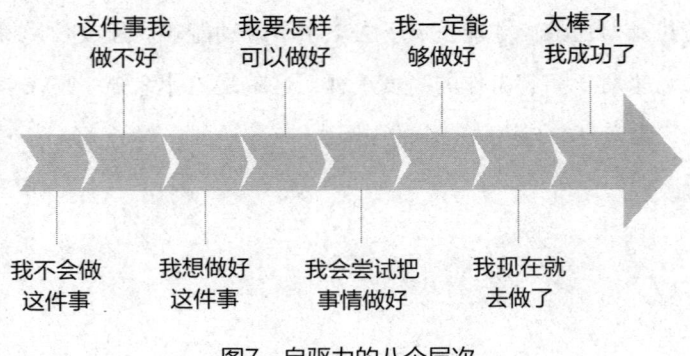

这件事我做不好　　我要怎样可以做好　　我一定能够做好　　太棒了！我成功了

我不会做这件事　　我想做好这件事　　我会尝试把事情做好　　我现在就去做了

图7　自驱力的八个层次

第 2 章　识人用人：优秀的 CEO 首先是优秀的 HR

在工作中，有无自驱力的员工在能力上存在着本质区别：自驱力强的员工知道自己该往哪个方向前行，同时他自备持续不断的动力系统，可以自己前行，领导者只需关注他的前进方向，不时给予适当指导即可；而缺乏自驱力的员工，一没有或者不清楚前行方向，二缺乏内在动力系统，或者动力推动时不时中断，作为领导者需要一直在其身后为他提供动能，并且时时为其导航。

张一鸣曾表示，希望字节跳动在未来能够发展到员工可以在公司内部的任意论坛上写上自己发现的问题并解决掉，哪怕这个问题与员工关系不大。张一鸣认为，这就是一种自驱力的基本表现，而自驱力的深层表现则是"自下而上"和"提出高目标"以及"合作时主动沟通"。

当然，对员工品格的仰仗不仅仅包括自驱力，在现代企业生产上，人性基本上成了保证所有环节良好运转的关键。国外大型企业，例如谷歌，一直在鼓励员工牢记正直诚实，而字节跳动同样提倡员工务实敢为，从本质上来讲，他们都在做一件事，让工作管理方式与个人品质相互绑定。

## 实事求是，笼络众多优秀人才

字节跳动能够从一个寂寂无闻的小公司一路披荆斩棘成为互联网行业的独角兽，很多人都将其归诸运气和政府的支持，可实际上，这也与张一鸣一直强调的实事求是的招聘策略有关。当前，很多 CEO 或 HR 主管在招聘的过程中，总会给求职者"画饼"，试图以这样的方式调动员工的胃口，

## PART 4  运营之光：张一鸣的商业策略与智慧

这样做倒是没错，因为理想中的"饼"能够成为员工前进的指明灯，让员工在工作中充满动力和干劲，因为每个人都想最先得到饼。但问题是很多CEO最终也没有让员工尝到他描绘的饼是什么味道。员工一旦感觉老板的"画饼"行为是欺骗，就会对老板失去信任，其后果不堪设想。

张一鸣就从不"画饼"。原字节跳动副总裁柳甄在央视录制的《对话》节目中曾"吐槽"过张一鸣，说他"实在太不会说话了"。当央视记者陈伟鸿深入询问"不会说话"具体指的是什么时，柳甄回答说："一般人都会说，你来了之后如何如何，比较讲情怀那种，但是我觉得一鸣不是这样的。我刚加入公司（字节跳动）大概三周多一点的时候，有人问我有没有什么特别惊讶的事情，我说没有，因为跟一鸣说的真的是非常一致，他永远会通过他的实在、踏实，让你有一个非常好的预期，我感觉到整个公司的风格也非常像他。"

除了自己在招聘过程中做到实事求是，张一鸣对面试者的品质也有要求，那就是自信、诚实、努力。张一鸣对"工作走捷径"这件事非常反感，他觉得这种讨巧不可能长久持续下去。作为公司的CEO，张一鸣是如何选择核心管理层人员的呢？他认为越高级、影响力越大的人才，其实最应该看基本素质，即这个人的理性、逻辑、修养、企图心、自我控制力。为了提高字节跳动核心层管理人员的综合能力与思维视野，张一鸣曾多次组织高管们去大学旁听，旁听的课程既有东方国学文化，也有西方哲学思想。张一鸣希望借此开拓高层的视野，重塑其思维模式，为管理变革的深入打下思想基础。

在张一鸣不懈地打磨下，字节跳动高管团队逐渐展露出智慧的闪光点。正是依靠这种智慧的律动，字节跳动才得以笼络众多优秀人才。字节跳动不仅为这些人才提供优异的学习与工作条件，并在收入方面向有突出贡献

## 第 2 章　识人用人：优秀的 CEO 首先是优秀的 HR

的卓越员工大力倾斜，这足以保证了字节跳动的优秀科研人员以及产品运营团队的创新能力，也为之后字节跳动的产品抢占市场打下了坚实的基础。

而反观其他与字节跳动同期崛起的企业，掌管这些企业的 CEO 大多是营销、技术、生产方面的专家——他们的企业能够得到发展，前期主要就是靠着他们在营销、技术、生产方面有着足够出彩的个人表现。不过，客观来看，如果这些企业依然保持着这种发展模式，可以预见的是当这些企业发展到一定规模以后，便会触碰到发展的天花板，难以再前进一步。

这块制约企业发展的天花板主要集中在人才管理方面，其核心原因在于一些民营企业的老板长期忽略企业人才管理，或是在人才管理方面存在能力短板，他们往往不愿意在自己不熟悉的方向投入过多的时间和精力，如此一来，企业人才短缺所形成的天花板便不能被一拳打破。从这个意义上来说，对企业发展感到迷茫的企业家或是管理者很有必要向张一鸣学习，将自己未来工作的重点逐渐转移到人才管理方向上来。

# 第3章

## 正向激励：激发集体的热情和效率

从 2015 年业务迅速扩张开始，字节跳动就一直是以高薪资、高福利的姿态出现在求职者面前。这种非常具有诱惑力的报酬让字节跳动在拓土开疆的过程中网罗到了更多的人才。作为国内成功的民营企业和优秀的科技企业之一，它首先是一个经济组织，而组织就必须要有物质层面的激励，直接与每个员工的业绩强挂钩，这正是张一鸣一直强调的正向激励。

PART 4　运营之光：张一鸣的商业策略与智慧

## 字节跳动的人才激励机制

对于员工而言，工资是最直接也是最基本的收入，工资高不高，直接影响了员工对企业的认同感和工作的积极性。对此，张一鸣曾表示，字节跳动的人才机制主要包括三个要点：第一，回报；第二，成长；第三，他在这个公司精神生活很愉快，干起事来觉得有趣。除了有趣和成长之外，核心就是有效的激励策略，也就是高回报。

字节跳动从 2016 年将公司搬到中航矮楼开始就一直坚持高薪战略，所开薪资在行业内一直处于高水准——起点高，涨薪快，发展前景好。张一鸣始终坚信，高薪是企业发展的第一推动力，重赏之下才有勇夫。正是在高薪的基础上，字节跳动才拥有了对人才的绝对吸引力，才能更加迅速地调动起员工工作的积极性。事实上，字节跳动给员工的不仅有高工资，还有奖金、期权以及其他福利待遇。

在字节跳动，每个正式员工的收入主要由工资（包含各种补助）、年终奖这两部分共同构成（如图 8 所示）。一般来说，员工的年终奖可以拿到

第3章　正向激励：激发集体的热情和效率

2~3个月的薪资，产品经理的年终奖通常都是6个月薪资，而少数创造出卓越绩效的员工则可以拿到更多年终奖。

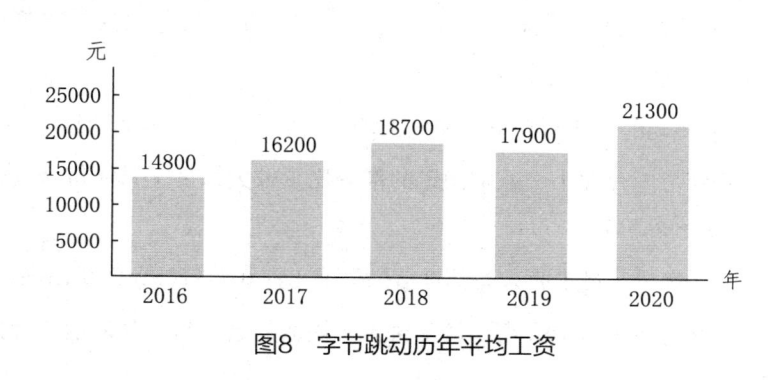

图8　字节跳动历年平均工资

薪酬激励是企业进行员工激励最重要的一种方式。薪酬制度的设计必须合理，保证"对内具有公平性，对外具有竞争性"，这样才能为企业吸引人才，留住人才并充分发挥人才的才能，为企业求得最大发展。张一鸣当然明白这个道理，所以才把薪酬激励放到非常重要的位置，一直坚持高薪战略。

而高收入往往意味着员工要付出与之相匹的时间和精力进行高强度工作。众所周知，字节跳动从创立到公司估值突破千亿美元仅用了8年时间，字节跳动虽然不像华为那样崇尚狼性文化，但字节跳动内部却也拥有一套极其严格的绩效考核制度。这套人力资源管理体系无时无刻不在鞭笞员工提高自己的工作效率，只有字节跳动员工整体的效率提高，企业的收益才会更大，员工的年终奖才会更多。对于在字节跳动工作的绝大多数员工来说，上级交代下来的任务，一定会高效完成，而对于极少部分完不成工作的员工来说，连续在考核中被贴上"差评"，则会被字节跳动的大梯队所淘汰。

正是这样的考核机制，使得字节跳动工作效率高，执行力高。国内一

## PART 4　运营之光：张一鸣的商业策略与智慧

些企业看到字节跳动的激励方法如此管用，也尝试着想要借鉴一二。但是他们却疏忽了一点，自己的企业跟字节跳动在本质上是不一样。字节跳动的员工多数都持有公司期权且拥有高于同行的工资跟待遇，这是字节跳动非常具有核心优势的一点。

与字节跳动的人才激励机制相比，传统薪酬结构设计最大的缺点是：

1. 薪资范围弹性小，通常固定的部分比重较大，员工只能每月按部就班地拿固定工资。

2. 无法衡量：员工收入与其创造的价值不能相对有效地衡量出来。

3. 薪酬与员工价值失衡：员工付出、创造的结果与其收入没有直接对等关系，久而久之会造成员工心理失衡、厌恶公司等情绪。

与传统薪酬结构相比，字节跳动的薪资加绩效年终奖的模式则更具灵活性和合理性，这不仅能够激发员工积极向上的工作状态，还让那些在工作中表现突出、有杰出贡献的员工得到应有的回报。

在字节跳动内部论坛里曾有一个帖子非常火，有一位广告审核部的员工回忆说，她2015年刚毕业进入字节跳动的时候，对公司最大的印象就是这家公司真有钱，感觉自己被幸福包裹了。普通本科大学毕业的她上班的第一个月到手工资（扣除六险一金）是7413元，在2015年，对普通本科的应届毕业生而言，这个工资无疑是一笔"巨款"。要知道，根据《2016年中国本科生就业报告》发布的信息来看，2015届大学毕业生半年后平均月收入仅为3726元。

这个女生在帖子里说自己工作了几十年的父母一个月工资加起来也不过才4000多块。更令她惊喜的是，到年底春节的时候，她的工资卡里还收到了1.4万元的年终奖。她说："当时，我觉得每个月最开心的时候就是领到工资后向爸妈汇报。当时我爸妈的第一反应是不相信，他们还旁敲侧击

## 第 3 章　正向激励：激发集体的热情和效率

地提醒我一个人在北京小心点，别被搞传销的给骗了。后来字节跳动的知名度越来越大，包括父母也开始在手机上使用字节跳动的软件，我爸妈才安心。"

由此可见，字节跳动的起薪是非常高的，远超其他行业的水准。这与张一鸣在企业内部多次强调"希望非常突出的人有机会能够拿到 100 个月（月薪）的年终奖"有关。高绩效理应得到高回报，始终都是字节跳动企业文化中不可或缺的一角，张一鸣在建设人才激励机制时就是以员工为本，秉承不让卓越人才吃亏的理念去制定的。在张一鸣看来，一个好的企业，就应该像字节跳动这样，让员工可以通过努力奋斗实现自己的财务自由，体会到被物质包围的幸福感。

### 中长期激励：开放期权换购

在 2009 年担任"九九房"CEO 的时候，张一鸣曾在微博上讽刺过某位成功人士。该成功人士是一名大学教授，他给自己创办的公司里的员工的期权比例非常少。张一鸣在微博里摘录了网友的一段评价："估计是大学老师当惯了，还是那种雇用学生开作坊的思维惯性。"而在随后的微博信息中，张一鸣也多次提到了给团队分期权的事。他认为某某公司给资深员工的期权太少了，如果是他的话，在发放期权这件事情上绝对不玩猫腻。

不过，当时的张一鸣也仅仅只在北京的互联网圈子里小有名气，在整个互联网行业里并未拥有今天的声望和地位，因此他说过的有关期权分配

## PART 4　运营之光：张一鸣的商业策略与智慧

不公的气话，当时并没有引起太多关注。

直到 2020 年，原字节跳动资深技术专家、28 岁的郭宇实现财务自由，宣布提前退休的消息上了网络热搜，人们这才想起张一鸣十年前在微博上的"期权宣言"。

"28 岁""财务自由""提前退休"，当这几个词连在一起时，郭宇的案例仿佛被施了某种魔法一般，被各大公众号和自媒体平台争相报道。

郭宇是谁？从他的微博个人简介中，我们可以看到，他是株式会社山月夜代表取缔役社长，原字节跳动资深技术专家。郭宇微博置顶的文章是这样写的："我选择在 28 岁的末尾退休，拥抱山间清泉与峡谷的风，去感受春秋冬夏。有缘人自会再相逢，朋友，愿我们在更广阔的世界再会！"而此条微博的发布地点是在日本东京。

郭宇在微博中透露自己高考后自学编程，非计算机专业出身，于 2014 年加入字节跳动，但在这之前自己曾有 3 年在支付宝的实习经历，对于郭宇的成长经历，网友们并不感兴趣，网上讨论得最热烈的问题是一个技术线级别的高级程序员究竟有没有可能在 28 岁就实现财富自由。

对此，网络上的高赞回答是这样分析的："2015 年之前，字节跳动的研发工程师不到 100 人，他们不用升职，只要坚持 4 年不被辞退，财务上就都自由了。而且当时字节的现金流比较紧张，给员工期权相对大方，就算给 50 万期权（分 4 年，每年 12.5 万），而 2014 年到 2020 年，字节估值涨了 200 倍，所以按 50 万期权算的话，保守估算郭同学的身价至少在 7000 万元以上。"

对此，郭宇给出的回应是："我加入公司时是 300 多人，也不算初创员工。关于期权的具体信息我也不便谈论，这是违反公司原则的。"但诚如他微博上所说，字节跳动的期权无疑是自己原始积累的重要组成部分，给他带来

## 第3章 正向激励：激发集体的热情和效率

了实际金额和人生理念上的双重收益。

网上针对郭宇的激烈讨论也让字节跳动公司顺带着上了一波热搜，通过媒体和网友的不断深挖以及已经离职的前字节跳动员工在网上的匿名爆料，字节跳动的期权激励机制以及2009年张一鸣在微博发布的关于公司期权分配的观点才逐渐浮出水面。

截至2020年6月"郭宇退休事件"成为热点，字节跳动最近一次开放期权换购则是在一年之前。

2019年4月，IPO在即的字节跳动发布了新一轮的期权授予方式，字节跳动此次激励方案讨巧地变为允许部分员工将所获年终奖金以每股44美金的折扣价等比兑换为相应数量的期权，10股起换，相应行权价为每股0.02美元（最终行权时相当于每股44.02美金），且个人的兑换上限不能超过自己2018年的年终奖总额。

一般来说，期权通常分为授予、成熟、行权和变现退出四个阶段。而企业在进行期权授予时，为达到最大激励效果，通常会设定一定条件进行人群范围界定，比如业绩贡献、职级、在职时间等。不过，由于字节跳动此次激励规则特殊，因而其这一轮期权激励所覆盖的员工数量较大，在其2018年度绩效评定中达到M以上（含M）的员工都有资格参与兑换。而字节跳动的绩效评定共分八级，从低到高依次为F、I、M-、M、M+、E、E+、O——比M更低的考评等级仅有三级。保守估计，70%以上的员工都有资格参与这一次期权激励。

这样的授予方式在我国互联网企业中并不常见，以阿里巴巴为例，上市前有权获得期权的员工也需要职级在P6之上，这意味着字节跳动的期权授予范围一定程度上放宽了限制。同样不常见的还在于其成熟期的选定。一般来说，起长期激励作用的期权其兑现的周期在4年，过去字节跳动内部小范围授予期权时也遵此惯例。

但此次字节跳动有关期权的成熟条件设定有所不同——兑现周期短。集团的年终奖分为两部分：全年奖和超额奖。其中，将全年奖换为期权的，期权将以 2019 年 3 月 1 日为起算日一次性到位；而超额奖的部分则以 2019 年 4 月 1 日为成熟起算日，每月发放 0.5 个月奖金数额对应的期权（兑现周期也明显短于常规的 4 年）。

与此同时，字节跳动最近也在从离职员工和在职员工手里回购期权。多位字节跳动离、在职员工称，离职员工的期权回收价格为税前 26.29 美元/股（折合 176.65 元人民币），在职员工的期权回收价格为税前 32.86 美元/股（折合 220.80 元人民币）。不过，本次期权回购并非强制。

可以注意到，回购价格和此次兑换价格之间存在较大价差，当然，字节跳动也禁止员工之间私下进行期权交易。回购离职员工、在职员工的期权一方面是增加内部流动性、调整公司期权池现有的份额，为这一轮新期权的发放留出足够的空间。

字节跳动实施期权激励，至少有三个方面的动机：第一，提高工资、奖金等短期激励手段的市场定位水平，增强对优秀人才获取和保留的竞争力；第二，丰富字节跳动中长期激励手段；第三，由于有"个人的兑换上限不能超过自己前一年的年终奖总额"规定的存在，我们也可以理解为这是在激发员工的积极性，毕竟想要购买更多的期权，就必须在前一年做出更多绩效，拿到更多年终奖。

纵观字节跳动短暂的发展史，我们可以看出他们的变革是积极、持续而稳健的，不过必须要说明的是，换购期权虽然给字节跳动在解决新员工红利的问题上展示出诸多好处，但也存在一定的弊端，其中最大的问题就是，期权以 4 年为一周期，与企业长期发展的捆绑力度不足，并不适用于少数

### 第3章 正向激励：激发集体的热情和效率

核心管理层，特别是已具备保持长期使命感的高层。因此，期权不可能成为字节跳动发展中唯一的中长期激励模式，它只是字节跳动目前在没有找到更好的激励方法前的暂施计划。

#### 提供各种福利补贴

一个好的企业，除了能稳定支付员工的薪资之外，还应该给予员工安全感和依靠。正如一位互联网行业大佬所说的那样："虽然物质不是一种幸福，但无论员工要不要，作为企业都应该为他们考虑。"

2016年2月，一直被外界媒体打上"低调"标签的张一鸣在给全体员工的一封信中，一反常态地表示今日头条就近居住补贴（北京地区）已经涨到了1500元/月，他同时建议公司年轻人不要住在城乡接合部，应该全部住在市区内："我一直认为年轻人工作生活应该住在城市中心，哪怕房子小一点（应该多出去活动啊），在市区有更多的活动和交流，下班之后也不需要浪费大好时光和宝贵精力挤地铁。年纪轻轻不要着急在郊区，尤其房山、沙河、天通苑之类的远郊定居，即使买了房，我也建议搬到市区来。"张一鸣在信中如此说道："对员工补贴的增长和加不加班没关系，节省的时间用于健身读书看电影也很好。"此消息一出，网上一片哗然，不少网友对字节跳动员工的"房补"表现出了羡慕、嫉妒。

对于好员工，字节跳动在福利方面从不吝啬。不仅真心实意地为员工的房租支出减轻压力，同时在员工吃饭的问题上，字节跳动也开设了免费

## PART 4　运营之光：张一鸣的商业策略与智慧

食堂，一日三餐外加下午茶让员工在吃得满意的前提下尽量降低生活支出。之前有字节跳动的员工在打饭的时候随手拍了一个菜品的小视频发布到抖音上，让她没想到的是，这个无心之举居然让字节跳动的自助餐食堂刷爆网络，许多网友纷纷在照片下评论留言："有一种食堂，叫作字节跳动食堂""要留住员工的心，先要留住员工的胃！字节跳动这么努力，想必是吃出来的""食堂有牛排我就忍了，居然还有烤鱼？看起来蛮不错的""不是字节跳动的员工能去你们食堂吃饭吗？"……

看着自家食堂在抖音走红，令许多字节跳动的员工又暗自自豪了一把，有员工化身"段子手"去照片下面评论说："在字节跳动工作的确有压力，但并非你们想的那么大，毕竟没有什么烦心事是吃一顿食堂解决不了的，如果有，那就两顿。"据字节跳动的食堂员工透露，2016年的时候，字节跳动给每名员工每天餐饮预算是120元，而到了2019年，120元预算被提高到了150元。除此之外，字节跳动的员工22点后加班打车免费，全球差旅随时出行，无复杂程序，补贴"感人"。

除了最基本的衣食住行，字节跳动在其他方面也提供了令人羡慕的福利，例如健康医疗。近年来，越来越多的白领暴露出健康问题，有超过一半数量的白领认为自己"过劳肥"。为了帮助员工减掉多余脂肪，字节跳动部分办公地点自带健身房，让更多被肥胖问题所困扰的员工远离肥胖，回归健康。没有建立健身房的办公地点也可以免费去外面与公司合作的健身房健身洗浴。

另外，对于新员工，哪怕是应届实习生，字节跳动也会在其入职的时候给配备一台mac或者windows高配自选，甚至连无线鼠标都标配罗技的产品。

字节跳动最打动员工的不是在语言上承诺关爱员工，而是真的把员工

第 3 章 正向激励：激发集体的热情和效率

的切身利益放在非常重要的位置。在员工福利这块，字节跳动在业内一直有着"中国好企业"的口碑，因为公司经常给员工涨工资、添福利、补津贴，为员工解决具体困难。为这样的企业奉献自己的青春，员工乐在其中。

## 提供学习和发展机会

在英国，BBC（英国广播公司）曾在毕业季采访过多所大学的毕业生，超过 85% 的受访者认为未来参加工作，公司提供的专业培训是一个非常积极的激励措施，研究生以上学历的学生尤其认可这一奖励的重要性。在这些学生们看来，他们在公司额外培训中至少能获得两种奖励：掌握工作技巧和提高自身业务能力。他们认为，要将自己的知识投入工作中，这之间必须有一个学习实践的过程，因而他们更希望到能组织新员工培训的公司去工作，因为不管对公司发展还是对个人发展，必要的培训都是非常重要的。

在中国众多的民企中，字节跳动对员工培训工作的重视程度绝对排在前列，而且，并不是等到挣了钱才重视培训。张一鸣有一句话说得很经典："培训本身是业务工作的一部分。"通过培训，新员工可以初步掌握业务知识，老员工可以让自己的业务知识更进一步，部门主管则能够学到如何将自己的业务技术传承下去。事实上，字节跳动"战斗力爆表"的重要原因不仅在于企业战略清晰、员工的全心投入，同样也与公司多年来一直狠抓培训密切相关。

新员工培训是字节跳动培训的一个重要组成部分。毕竟，对于校招的

# PART 4　运营之光：张一鸣的商业策略与智慧

应届毕业生而言，"毕业"在转瞬间完成，而"成长"却是永恒的话题。作为一家非常看重年轻人成长的互联网公司，字节跳动不仅为新员工提供丰富的线上线下培训，帮新员工度过迷茫期，还为每一位追求技术进步的同学提供了持续成长的技术学习平台——Mentor 一对一陪伴式指导，内部代码开放共享，自己组建团队把情怀变为现实，以及外部根本买不到的短视频微课和海量学习资源，字节跳动统统免费提供给新员工。

对于共性的成长需求，字节跳动会尽力调用公司内部资源来满足员工，而个性化的成长烦恼，会被公司视为"用户痛点"来逐个解决。在字节跳动，公司会依据每个人不同的特点来定制专属的培养方案，不会因为级别、职能来设限。除此之外，各部门也设有自己的"新人专属页面"。针对"90 后"、"95 后"校招新员工，公司还设有长期跟踪访谈机制和新人导师制，全方位助力新人成长。

"分享"在字节跳动每天都在发生，当有关键人才加入、有大家共同感兴趣的议题、有最佳实践产出，就会随时拉出来分享，各类兴趣小组也让同学们在轻松愉悦的氛围中进行一轮又一轮的技术切磋。

每年，公司还会派代表参加 NIPS（神经信息处理系统进展大会）等各类学术活动、WWDC（苹果全球开发者大会）等开发者活动，邀请图灵奖获得者、高校和科研机构科学家、工程师、设计师等来公司交流。只讲干货，不赚时长，让员工一不小心就省了出去"知识付费"的花销。

而随着 TikTok、TopBuzz 等产品在海外迅猛发展，字节跳动在全球业务的开展以及各类海外合作与工作机会不断增多，海外专门培训和跨文化沟通工作坊也在不断快速建设起来。为了帮助同学们提高语言沟通能力，字节跳动还为全体员工提供了多重外语学习福利——《英语下午茶》《跨文化沟通小课堂》，从互联网行话、常用俚语、到各种花样商务句式，只有员工

## 第 3 章　正向激励：激发集体的热情和效率

想不到的知识，没有字节跳动教不到的知识。

据相关统计显示，当前国内有约 78% 的公司在招聘后没有对新进员工进行有效的培训。这些公司错误地认为新员工不需要进行专门的入职培训，直接安排到工作岗位上，边工作边学习就行了。这种做法最终很可能让新员工无法快速融入团队，短时间内不能适应新的工作环境，同时也无法认同企业的产品甚至是企业文化，直接导致新员工和企业一拍两散。

而字节跳动，则会在新员工入职时对他们进行一个引导。在字节跳动主要的几个办公地（北京、深圳、上海等），也配有一支资深的教授专家团队，为员工提供顾问支持，帮助新员工尽快适应新的工作环境。

# 第4章

## 大格局：永远着眼长远利益

"人无远虑，必有近忧"，这句出自论语的名言经常被张一鸣挂在嘴边。在他看来，有些事情虽然当前似乎对字节跳动没有好处，但是从长远发展来看却可能成为企业发展的千秋大计，因此张一鸣在内部会议上告诫公司副总裁，必要时刻，公司可以放弃眼前的利益，着眼长远发展。

PART 4　运营之光：张一鸣的商业策略与智慧

## 格局决定企业命运

与很多公司创始人喜欢回忆辛酸创业史不同，张一鸣无论是面对媒体还是内部讲话，很少提及创业的艰辛，因为在他的印象中，创业的日子其实挺快乐的，没有住在地下室里的艰辛，也没有跌宕起伏的曲折故事，每天是一个新的开始，每天都充满希望。或许这就是张一鸣心底深处最柔软的"浪漫"，同时，也是张一鸣为人的格局。

什么是格局？格局是指一个人的眼光、胸襟、胆识等心理要素的内在布局。有格局的人看事物会比较深，能聚集能人，能做出非凡的成就。而格局小的人却很难成大事，因为他会为其所限。

当 TikTok 海外业务遭遇重大阻力时，一些员工找到张一鸣哭诉团队所受的不公，张一鸣总是能平静地安抚对方，并开导员工一切向前看。

被誉为"中关村第一才女"的著名产品经理梁宁曾说："情绪，是一个人的底层操作系统。驱动一个人的，正是他的情绪，他的底层操作系统。"

无论工作还是生活，不会事事尽如人意，每个人都有属于自己的问题。

## 第4章 大格局：永远着眼长远利益

随时控制好自己的情绪，既不过分兴奋，也不过分沮丧，坦然面对人生路上的荆棘，这样的人，总能一往无前。

像张一鸣这样心志坚定，在创业路上磨炼出大格局的人，早已"戒掉了"情绪。早些年，张一鸣为了今日头条的 B 轮融资东奔西跑，他在不到一个月的时间里拜访了至少 30 家风险投资机构，每天不停地说话，导致那段时间嗓子都说哑了，但还是没人愿意投他。在张一鸣见过的诸多投资人之中，有一位投资人指着张一鸣的鼻子大声质问："你这个不就是移动端的'新浪'吗？这东西能赚钱？"

无论张一鸣如何解释算法技术的不同，对方就是不想听，摆明了这款产品没前景的态度。

若是换成普通人，见状很可能直接起身告辞了。毕竟拉投资就是这样，需要一拍即合，而非一厢情愿。不过，张一鸣并不是普通人，他依然用一种平缓的语调反复叙述产品的优势。

而在张一鸣叙述的过程中，对方也开始由一脸不屑逐渐变成了认真聆听。虽然最终这位投资人还是没有下定决心投资张一鸣，但却被张一鸣表现出的冷静自信的情绪所感染，态度逐渐好转。末了，这位投资人还邀请张一鸣到公司附近的饺子馆吃了顿便饭，并将张一鸣和他的项目介绍给了投资圈里的其他投资人。

当年，张一鸣在面对各种各样的投资人时，表现得都很稳定，这固然与"求人办事"的心态有一定关系，但这并不是绝对的，关键还是在于张一鸣十分深刻地认识到了一点：情绪不能解决任何问题。

正如稻盛和夫所说："格局太小，纠结的都是鸡毛蒜皮。放大你的格局，你的人生将会不可思议。"张一鸣情绪稳定的背后，是他的大格局。在张一鸣东奔西跑拉投资的时候，他还真遇到过一份很诱人的投资。如果接受这

## PART 4　运营之光：张一鸣的商业策略与智慧

个投资，可以在半年内让字节跳动的业务增速最少快上几倍。当时张一鸣无比纠结，思考了一个星期，最终他还是拒绝了对方。

投资人给出的条件与张一鸣心里坚持的东西相悖，张一鸣觉得这份投资很可能会成为"兴奋剂"，在自己"内功"未成之前会导致内生力量受到遏制，接受这份投资就等于交出了公司的发展权，这是张一鸣不愿看到的。总之，这份投资的好处非常明显，坏处虽然暂时是隐含的，但最终总会呈现出来。张一鸣希望找到一个能够理解自己、支持自己的投资人，而不是出卖字节跳动的未来和愿景。

毋庸置疑，张一鸣在融资这件事上一直都是比较成功的。而这种成功，与他的格局是分不开的。张一鸣曾说："'格'是人格，'局'是胸怀。要站在长远的角度思考和判断问题。"真正有大格局的企业家，必然有开阔的视野，这种视野可以引领他领悟到不一样的高度；会使他珍惜当下，以大格局的眼光看待企业发展，可以更有效地完成目标，以更加开放饱满的心态来面对纷争。

### 从不局限于国内市场

在字节跳动刚刚决定"技术出海"的时候，张一鸣的朋友问他："跟以前比，你觉得自己最大的变化是什么？"张一鸣不假思索地说："从一个总经理到一个平台型公司的负责人，再到全球平台公司的负责人。"

当时的字节跳动不要说海外，就算在国内，它的市场也是相当有限的。

## 第4章 大格局：永远着眼长远利益

因此，在字节跳动刚开始建立海外团队的时候并没有引起很大的关注。但张一鸣在当时却极为确定，自己要运营的将是一家国际化公司。在字节跳动建立第一个海外办公室的时候，张一鸣就说过，自己以后要参与全球互联网基础设施建设。

"世界是平的。"在这样一个经济逐步走向国际化的时代，张一鸣"国际化"的雄心也被逐渐放大。2018年初，当TikTok如柳絮一般开始在国外的市场漫天飞舞之时，张一鸣提出，三年之内，公司旗下产品一半用户要来自海外。但随着2018年快手被国家广播电视总局约谈，国内抖音用户的激增，据说这个比例又被字节跳动调整为1/3。

近年来，字节跳动的战略布局越来越广，从资讯新闻到短视频，从社交软件到影视视频，全面的布局无不暴露出张一鸣的雄心。字节跳动的国际化布局，是想要树立企业在国外的良好形象，获得当地消费者的信任，以便自己的产品更好地推广到国外。在推行国际化的方面，不止字节跳动，国内的华为、腾讯、小米等企业都在暗自发力。

但从目前已经有的种种信息来看，张一鸣和字节跳动碰到的困难其实就是在国际化的过程当中，作为一家公司，要不断地调整业务范围，包括公司在当地的一个合规性的问题。

2020年，张一鸣在给全体员工的内部信中写道，作为字节跳动的国际CEO，接下来他会把重点放在海外市场，完善全球管理团队，花三年时间，走遍全球的办公室。根据字节跳动的招聘计划，我们可以看到，2020年字节跳动海外市场员工预计将新增一万人以上。

过去，有不少国内企业都曾尝试过走国际化的道路，但由于在海外拓展中遇到的各种困难，不少公司做到最后就只是成立一个国际化部，针对当地市场开发新的产品。而在字节跳动国际化的进程中，张一鸣则一直极

## PART 4　运营之光：张一鸣的商业策略与智慧

力避免这个问题。他说，把愿景定成"全球创作和交流平台"，就是希望这是一个统一的平台。

在业务层面，字节跳动的国际化主要围绕两个方向展开，一是以投资并购的方式收入海外市场的优质产品，二是推进自身成熟产品的国际化。

以短视频产品为例，2017年2月，字节跳动收购了美国短视频应用Flipagram，投资Vshow；11月收购美国短视频应用Musical.ly；之后又投资了海外直播产品Live.me，这家公司旗下有短视频产品Cheez。同年5月，字节跳动上线了海外版抖音TikTok；7月，对标火山小视频的Vigo Video在海外上线。

在自有产品海外孵化逐渐成熟，收购项目的业务配合跑通后，字节跳动便开始推动融合。2018年8月，字节跳动宣布，将旗下两大短视频应用Musical.ly与抖音海外版TikTok合并，合并后，原有账号的内容和粉丝群全部自动迁移到新平台，由此一个全新的全球短视频平台形成。

纵观中国互联网企业近二十年的发展，实际上一直在经历CTC（copy to China）的过程，即从国外复制创意进入国内，开辟一片新的市场，诸如腾讯（模仿ICQ）、轻博客（模仿Tumblr）、微博（模仿Twitter）、人人（模仿Facebook）等。但在如今移动互联网浪潮下，张一鸣的判断则是中国公司和海外公司是相对同时起步的，更应该注重Born to be global的过程，即"生而全球化"。

移动互联网使得国际化竞争成为必然，加之中国移动互联网人口红利不再，这让张一鸣更加重视国际化战略的推进。

# 第 4 章　大格局：永远着眼长远利益

## 就算直面强大的对手，也要坦然面对

2017 年，在直播势头逐渐平静、共享单车渐趋稳定的情况下，短视频逐渐成为新的风口，这吸引了越来越多的入局者——搜狐的"千里眼短视频"、陌陌的"谁说"、一下科技的"波波视频"……许多全新的短视频 APP 如雨后春笋般涌现，且背后的靠山实力都很雄厚。

据不完全统计，仅在 2017 年这一年的时间中，上线的短视频 APP 就多达 100 多个，而这一年的竞争也被很多人形象地称之为"百团大战"。在这场旷日持久的市场争夺战中，快手、西瓜视频、微博稳稳地占据着第一梯队。而公认的互联网三巨头，则在这场交锋中稍显沉闷，没有太多"声音"。直到 2018 年，抖音 APP 燃爆整个短视频行业，与快手平起平坐时，百度和腾讯这两家公司终于坐不住了，纷纷推出自家产品，但由于入局较晚，失去了争夺市场的最好时机，尽管百度和腾讯用巨额补贴吸引机构及达人入驻自家平台，但效果并不明显。

或许是感受到了短视频所带来的威胁，2018 年 4 月起，微信取消了包括微视、快手、火山、抖音等多家短视频 APP 的分享链接，根据腾讯给出的禁封列表，一共封杀了当时市面上最火的 32 款短视频客户端，字节跳动"全家桶"基本被一锅端，原因很简单，头条推出的抖音是对腾讯影响最大的。此次封杀，微信给出的理由是为了"短视频整治"，后来自家产品微视第一

## PART 4　运营之光：张一鸣的商业策略与智慧

个被微信移出了黑名单。一年之后，快手被微信"解封"了，但当时的情况是腾讯与快手的新一轮融资谈判已接近尾声，腾讯投资快手已经是板上钉钉的事情。与腾讯非亲非故的抖音依旧在微信的黑名单里沉睡着。

面对腾讯的咄咄逼人，字节跳动首次做出正面回应。抖音总裁张楠在朋友圈发文称："讲真，正当的产品竞争，那是君子在战场上一决高下，怎么做好产品体验，更好地服务用户，才是一场公平体面的较量。搞垄断、搞小动作，用自己的市场地位和渠道阻隔用户，去伤害用户体验，这真的有失大将风度，也伤害了我多年的尊敬。"

对于张楠的控诉，腾讯方面并未做出任何回应。但事实上，抖音短视频被社交平台封杀已经不是头一回了，在微信之前，抖音就已经被微博封杀了。抖音对于微博来说，影响并非致命，尽管微博一直与秒拍有着很深入的合作。真正让微博担忧的还是今日头条，抖音只是作为头条旗下产品而被"祸及池鱼"罢了。

今日头条与新浪微博应该也算是相爱相杀。2014年6月今日头条进行C轮融资时，投资方中还曾出现过新浪微博的名字。那时新浪董事长兼CEO曹国伟曾说："之所以投资今日头条，是因为微博与其能够产生协同效应，目前今日头条是微博上分享量最大的资讯应用。"

然而，随着今日头条的触角越伸越广，逐步涉足社交领域，更是不停地拓展着视频内容市场，新浪微博突然意识到了什么叫作"养虎为患"。更不用提2017年4月，今日头条的微头条功能上线，发布的内容由文字、图片、视频组成，还邀请一众明星和微博大V入驻。这一明显"借鉴"微博的行为无异于公开叫板。而更让微博头疼的是，随着"用户下沉"举措，三线、四线，甚至五线城市的用户占到其月活用户的50%以上，和今日头条的用户构成上同质化愈发严重。

## 第 4 章　大格局：永远着眼长远利益

由此来看，今日头条与微博的争夺已在所难免。但字节跳动同样也面临被 BAT 挤压的境地，百度在 2018 年年初不断发力百家号、布局人工智能；腾讯则是进一步打通天天快报、QQ 浏览器、腾讯新闻的通道；而阿里则是通过 UC 和 UC 头条，也想在新闻资讯类分一杯羹。这也就不难理解为何字节跳动在 2018 年的时候不断尝试在短视频领域发力。

对于国内互联网巨头的激烈竞争，张一鸣曾经在面对央视记者的时候，平静地说："面对中国当前的互联网形势，其实中国的 BAT 在互联网中的格局已经维持了相当长的时间了，如果在国内有其他公司或平台能够快速崛起，这对国内的互联网环境来说，也算是一件好事，毕竟有竞争才会有发展。"

到了 2019 年，动作频繁的字节跳动又开始寻求互联网教育、发力社交、涉足游戏领域、入局智能手机研发，字节跳动似乎已经不再是大众眼中从前的模样。跨界、迭代以及那掩藏不住的雄心壮志成为字节跳动的新标签。

无论是从字节跳动不断地试水，还是从其投资布局来看，都可以发现字节跳动正在建立一个与流量帝国（"资讯分发 + 短视频"）所不同又与之紧密相关的版图：以内容和流量为基础的泛文娱产业和以数据和技术驱动的企业服务和科技产业。

与此同时，字节在内容上的优势也正在凸显。此前，今日头条推出了头条扶持计划，通过内容投资基金、头条号创业空间等激励和保障了头条的内容产出与品质。而这一举措在用户留存上也开始有所体现。

另外，在还未开发的蓝海，字节跳动的新兴产品有着极强的竞争力。随着 2020 年 5G 风口期的到来，字节跳动或许有可能迎来新的发展机遇。

PART 4　运营之光：张一鸣的商业策略与智慧

## 延迟满足感，着眼更长远的利益

如果你在微博中关注了张一鸣，并经常翻看他的微博，你就会发现，最近几年"延迟满足感"这个词经常会出现在张一鸣的文章中。

在张一鸣看来，延迟满足感应是成功者最重要，同时也是最底层的一项特质。甚至张一鸣认为："延迟满足感程度不在一个量级的人，是没法进行有效沟通的。"

什么是延迟满足感？20世纪60年代，美国有个著名的"斯坦福棉花糖实验"，在这场实验中，参加实验的上百名小孩子被带到了一个房间里，实验观察者给这些小孩的桌上都放了一块棉花糖，并明确告诉孩子们如果马上吃掉，就没有第二块了，如果15分钟后再吃，就可以得到两块。实验结果显示，能为双倍奖励坚持忍耐更长时间的孩子，在后来的成长中通常具有更好的人生表现，如长大后获得更好的SAT成绩、教育成就、身体质量指数等。并且他们的自动性、抵抗诱惑的能力、社交能力和体质指数都更胜一筹。

延迟满足，就是指为了更有价值的长远结果而放弃即时满足，以及在等待中展示的自我控制能力。结合张一鸣的自身经历来看，很显然他就是这样的人。

在2016年，张一鸣接受《财经专访》的时候，延迟满足感这个词在他

## 第4章 大格局：永远着眼长远利益

与记者的对话当中出现了不下 10 次。其中给人们留下印象比较深的一句话是这么说的："很多人人生中一半的问题都是这个原因造成的——没有延迟满足感。"

张一鸣认为："延迟满足感的本质是克服人性弱点，这是一项长期修炼。如果一件事情你觉得很好，你不妨再往后延迟一下，这会让你提高标准。你的延迟满足感程度更高，你的耐心更好，标准更高，目标更大，做事更从容专注，不计较眼前的利益，不在意一城一池的得失，对一时的成功看得淡，对当前短暂的失败不恐惧，而是要聚焦事物的本质。"

张一鸣的这段话总结成一句话就是："放长线，钓大鱼。"当眼前有诱惑、有利益的时候，能够看到事物长远的发展方向，学会分散注意力，克制内心的欲望，在未来获得更大的回报。

延迟满足的本质就是平衡好"苦与乐"的顺序。在现实当中，有些人是先享乐后付出，有些人是先付出后享乐。但前者往往更容易被历史淘汰。

编剧李诞作为嘉宾曾在《奇葩说》的节目录制现场对延迟满足有过一段精彩的论述："人类文明的发展史就是一段压抑欲望的历史；人类的发展史就是怎样培养自己延迟获得满足的能力，人类的采集文明是即时满足，树上有个果子摘下来就能解渴，很快乐。而农耕文明是春天种，秋天才能收获，最后历史留下的是后者。"

能克制自己，延迟满足感的人，更容易成功，例如张一鸣。程序员出身的他，在周围同事都忙着调试产品的时候，张一鸣却总要抽出一部分时间来调试自己，把自己的状态调节在轻度喜悦和轻度沮丧之间，追求极致的理性和冷静，在此基础上为了长远的战略目标强迫自己学着做许多不愿意做的事情。

关于延迟满足的话题，张一鸣在微博里强调最多的是懂得"延迟满足"

PART 4　运营之光：张一鸣的商业策略与智慧

道理的人已经先胜一筹了。而在张一鸣"迟延满足"的理论下，我们看到这个戴着眼镜、外表看起来文质彬彬的文弱书生，其内心还在不断进化。这种进化状态，是先把最终的目标推得很远，去想最终做的事情可以推演到多大，再反过来要求自己，不断训练和进步。因此，当张一鸣在调试自己的同时，又把公司当作产品一样调试时（Develop a Company as a Product），没人能够想象字节跳动的发展边界有多辽阔。